놀이치료사례 | 영수이야기
# 한국의 딥스

놀이치료사례 | 영수이야기

# 한국의 딥스

주정일 지음

샘터

## 글쓴이의 말

10년 전 내가 원광 아동 상담소를 개설할 때만 해도 '놀이치료'라는 단어는 일반인들에게 상당히 생소했다. 버지니아 액슬린Virginia M. Axline이 쓴 『딥스』가 번역되어 유아 교육 종사자들에게 그 개념이 인식되어 있는 정도였다.

놀이치료란 정서장애 아동을 대상으로 하는 심리 치료의 한 방식이다. 2~3평 넓이의 놀이방에 감정 표현을 유발하는 각종 놀잇감을 많이 준비해 놓고 아이 한 명과 상담원 한 명이 함께 들어가 한 시간 정도 노는 것이다. 이 일을 1주일에 한 번씩 일정 기간 꾸준히 해야 한다. 소요되는 기간은 아이의 증세에 따라 다르지만 우리 경험에 의하면 짧게는 5주, 길게는 1년 이상 걸리기도 한다. 굳이 평균을 말하자면 20여 회 정도가 보통이다.

'아이가 왜 정서장애가 되느냐'고들 하는데 마음이 불편하기 때문이다. '어른이나 마음이 불편하지 아이들이 무슨 걱정이 있고 마음이 불편하겠느냐'고 쉽게 생각해 버리곤 하는데, 아이들도 마음이 불편할 수 있다. 뿐만 아니라 제때 제대로 위로받지 못하면 정서장애가 생기게 된다.

만일 부득이한 사정이 있어서 아이가 마음의 상처를 입었다면 상담기관을 찾는 것이 바람직하다. 상담소에서는 아이들이 노는 모습을 부모에게 보여 주기 위해서 놀이방에 관찰실을 설치하는데 놀이방에서 관찰실 쪽을 바라보면 거울이 보이고 관찰실에서는 놀이방이 훤히 들여다보인다. 관찰실은 비교적 작고 어두운 편이며, 헤드폰을 쓰면 안의 소리를 들을 수 있다.

그런데 이론을 모르고 관찰을 하면 '저렇게 별것도 안 하고 싱겁게 데리고 노는데 어떻게 아이의 심각한 증상이 치료될 수 있을까'의

심스러울 것이다. 대개의 경우 상담원들은 가만히 앉아 있고 아이가 혼자 놀기 때문이다. 아이가 원하면 같이 놀아 주지만 주도권은 언제나 아이에게 있고 상담원은 아이의 요구를 따르며 수동적으로 행동한다. 이렇게 하는 동안에 아이의 상처받은 마음이 치유되고 자존심이 회복되며 자아가 발달하여 자기도 한 명의 어엿한 인간으로서 자주적으로 살아갈 수 있음을 깨닫게 된다.

다시 말하면 그 동안 아이라는 이유 하나만으로 받아 보기 힘들었던 인간적인 대접을 받음으로써 인생에 대한 마음의 자세가 달라지는 것이다. 어떤 아이는 치료가 끝난 뒤에 "엄마, 나는 왜 이렇게 행복해?"라고 자기의 심정을 표현하기도 했다.

사람은 연령에 관계없이 자기를 치유할 수 있는 능력을 갖고 있다. 이 능력을 믿는 것이 치료의 출발점이다. 마치 피부에 상처가 생겼을 때 깨끗하게 소독하고 기다리기만 하면 저절로 새살이 돋아 나와 치유되듯이 상처받은 마음도 누군가가 자기를 있는 대로 받아 주고 이해해 주고 북돋아 주면 자연히 치유되는 법이다.

이때 상담원이 이 역할을 하되 서두르지 않고 인내심을 갖고 놀아 주면 반드시 좋아지게 마련이다. 부모들은 욕심 때문에 이 인내심이 결여되어 있기 쉽다. 부모가 관찰실에서 상담원이 아이를 어떻게 다루는지 잘 지켜보았다가 그 방법을 집에 가서 실천에 옮긴다면 당연히 치료 기간은 단축된다.

이 책은 놀이치료의 한 사례를 소개한 것인데 미국의 '딥스'의 사례와 증세가 같지는 않지만, 자신의 상처받은 마음을 치유해 가는 아이의 그 진지하고 자주적인 자세가 딥스의 그것과 너무도 닮아 감히 『한국의 딥스』라는 제목을 붙여 보았다.

이 책의 출판을 흔쾌히 맡아 주신 샘터사 임직원 여러분의 노고에 감사드리는 바이다.

1997년 6월 14일

주정일 (원광 아동 상담센터 고문, 전 서울대학교 교수)

## 차례

글쓴이의 말 4
영수의 치료 전·후 그림 10

여는 이야기 17

### 첫 번째 이야기
"저는 『딥스』를 읽은 엄마예요" 22
"제발 나를 떼어 버리지 마세요" 30

### 두 번째 이야기
"이젠 걸음마 해 볼래요" 46
"나는 항상 배고파요" 56

### 세 번째 이야기

"나는 아빠가 미워요" 62
"배꼽과 고추가 몹시 아팠어요" 69
"엄마 젖은 물어 본 일도 없어요" 82
"나, 똥 마려워요" 90

### 네 번째 이야기

"제가 죽일 놈입니다" 96
"엄마도 좋고 아빠도 좋아요" 102
"다른 놀이도 재미있어요" 112

닫는 이야기 119

부록 1. 액슬린Axline의 놀이치료법 128
　　 2. 에릭슨Erikson의 8단계설 151

## 상담 전 그림

■ 자화상
배꼽과 고추는
나타나 있지 않다.

■ 자동차

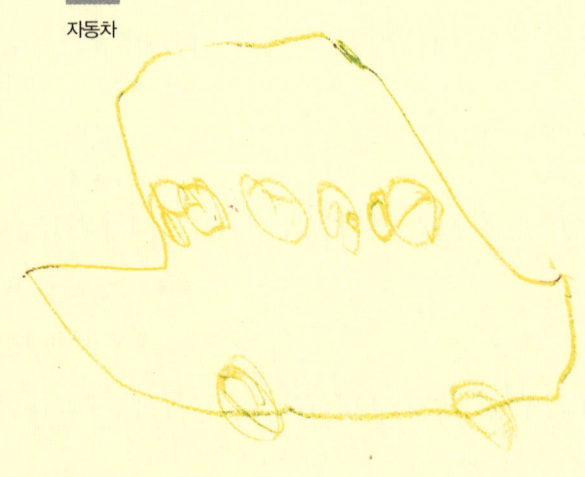

## 상담 후 그림

■ 상담소에 온 지 한 달 보름 만에 그린 인물화.

■ 상담소에 온 지 두 달 보름 만에 그린 인물화. 그림에 자기 감정을 나타내기 시작했다. 고추를 검정색으로 두드러지게 그렸는데 그곳이 아팠음을 표현하는 것이다.

■
상담을 시작한 지 세 달 만에 그린 것이다.
배를 젓는 사람과 태양은 자율성과 희망의 표현으로 보인다.

1988년 2월에 그린 자동차(택시처럼 보인다) 그림.
앞좌석과 뒷좌석에 두 사람씩 타고 있으며, 자동차 손잡이(주황색), 전조등, 미등,
안테나, 바퀴 등이 정교하게 그려 있다. 영수의 뛰어난 관찰력을 알 수 있는 그림이다.

1988년 2월에 그렸는데 다 그려 놓고 나서
'아빠' 라고 분명하게 말했다.
팔이 아래로 내려와 있는 모습이 이전의 그림과는
다르다. 탯줄 대신 벨트와 버클을,
기저귀 대신 바지를 그렸다.
얼굴에는 안경도 그려 넣었다.

1988년 3월에 그린 것으로,
우유병과 관련된 감정을 표현하고 있다.
한 병만 오렌지색으로 그렸는데,
주스병임을 표현하고 있는 듯하다.
위쪽에 그린 것은 자동차인데
종이를 옆으로 놓고 그렸다.

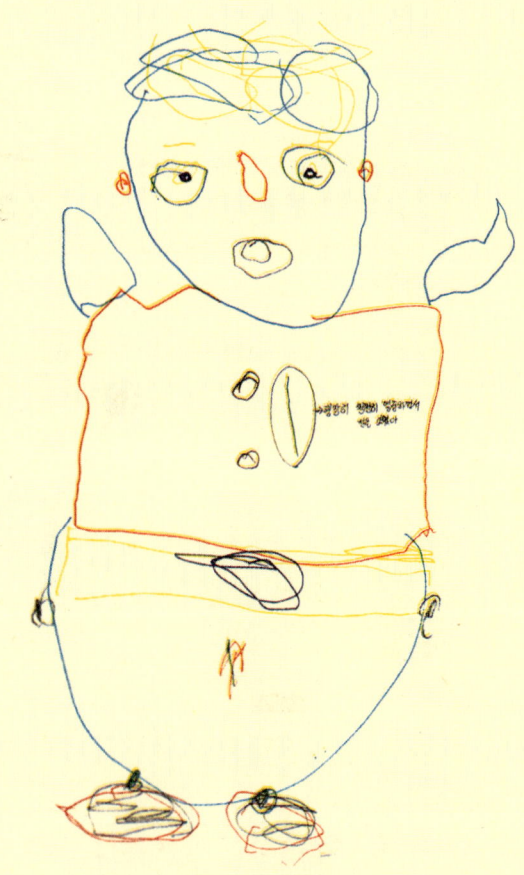

1988년 5월. 상담소에 온 지 열한 달 만에 그린 것인데,
신생아 때의 기억을 아주 잘 표현하고 있다. 팔이 위로 올라붙었는데,
이는 신생아가 흔히 취하는 자세를 표현한 것이다.
상체는 옷을 입은 모습이고 복부를 가로지른 노란색의 선은 탯줄(배꼽띠)로 보인다.
그 속에 배꼽을 크게 그려 놓았다. 그 밑에는 기저귀를 차고 있는 모습인데
붉은색의 고추는 아픈 느낌을 전하는 듯하다. 발에는 양말이 신겨 있는 모습이다.

■ 놀이가 다양해지면서 의사 놀이도 하였는데,
의사용 가방과 청진기를 그렸다.

■ 1988년 7월 상담이 끝나기 직전에 기차를 처음으로 그렸다.

## 여는 이야기

정서장애 아동을 위한 놀이치료 사업에 종사했던 지난 10년 세월을 결산하는 뜻에서 이 책을 쓰기로 했다. 10년 동안 수많은 아이들을 보아 왔지만 뇌리에 가장 깊이 각인된 아이는 역시 '영수(가명)'라고 생각한다. 내가 의욕에 넘쳐 있던 첫해에 본 아이라서 그렇기도 하겠지만, 그 아이의 증상이 워낙 심각했고, 입을 열고 말하게 된 과정 전반이 참으로 극적이었기 때문이다.

내가 영수를 처음 만났을 때 그는 여섯 살이었는데 '엄마'라는 소리 말고는 한 마디도 하지 않았다. 엄마라는 단어를 말하는 것을 보면 분명 벙어리는 아니고 여러 가지 정황으로 보아 바보도 아니었다. 그런데 왜 그렇게 말문이 막혀 있었을까?

나는 이 책을 영수의 말문이 어떻게 해서 열리게 되었는지, 그 과정을 보여 주기 위해 썼다. 영수의 놀이치료 과정의 요점들을 밝힌 것인데, 다른 사례집들과 달리 날짜별이나 치료 순서별로 엮은 것이 아니라 요점별로 엮었다. 독자들이 지루해하지 않고 요점만 쉽게 파악할 수 있도록 한 것이다.

비록 아이 이름을 가명으로 했지만 당사자에게 한마디 양해는 구해야 할 것 같아서 최근에 나는 영수 엄마를 찾아갔다. 영수 엄마는 흔쾌히 이 책의 출판을 허락해 주었다. 그 점에 대해 너무나 감사하다. 그때 영수도 자리를 함께 했는데 9년 만에 다시 만난 나를 알아보고는 반가워했고, 저 먹으라고 내준 다과를 조금 먹다가 자꾸 내 앞으로 덜어 놓는 배려를 보이기도 했다.

그러나 학교에 다니며 스트레스를 많이 받아서인지 발음이 전만 못하고 대화도 매끄럽게 이끌어 가지 못해서 매우 안타까웠다. 하지만 눈매는 선한 사슴 같았다. 영수의 부모가 꾸준히 애쓴 흔적이 역력했다. 에디슨, 처칠, 피카소 등의 뛰어난 인물들도 어렸을 때는 형편없는 아이라고 이해받지 못했던 일화들을 상기하면서 나는 지금 상태에서 영수를 포기하지 않고 어떻게든 더 도울 수 있는 길을 모색중이다. 그가 많은 사람들에게 진심으로 이해받고 사랑받고 살 수 있기를 진심으로 바란다.

## 첫 번째 이야기

이 어설픈 공간에서 그 아이와 나의 만남은
이루어졌고 우리는 매주 목요일 오후에
한 시간씩 만났다. 아이의 입이 열리고 마침내
말을 하게 될 때까지 계속 만났다.

# "저는 『딥스』를 읽은 엄마예요"

그때는 내가 대학 교수직을 그만두고 집에서 쉬고 있을 때였다. 초여름 어느 날 모르는 사람으로부터 전화를 받았다.

"여보세요."

"거기가 주정일 교수님 댁입니까?"

"네, 제가 주정일입니다."

"안녕하세요, 저는 『딥스』*를 읽은 엄만데요······."

"네, 그러세요."

"저희 아이가 좀······ 말도 안 하고 그래서, 선생님을 한 번 찾아 뵈

---

* 미국의 액슬린 V. M. Axline 박사가 쓴 놀이치료 사례 보고서로, 1976년에 우리말로 번역(주정일·이원영 역, 샘터사 발행)되어 30년 가까이 널리 읽히고 있다.

었으면 해서요."

"몇 살인데요?"

"여섯 살요, 우리 나라 나이로 여섯 살이에요."

"말을 전혀 안 해요?"

"네, 전혀 안 해요."

"그런데 저는 지금 학교를 그만두고 집에서 쉬고 있는 중인 데다가 따로 놀이방을 운영하고 있는 것도 아니어서 댁의 아이를 만나도 도와 줄 방도가 없는데 어쩌지요?"

"괜찮아요. 그냥 한 번 만나만 주세요. 제발 부탁이에요."

"만나 보는 것은 어렵지 않지만 만난 뒤에 후속 조치가 따르지 않으면 무의미한 일이 아닐까요?"

"괜찮아요. 그냥 한 번 만나만 주세요. 뭘 어떻게 해 달라고 조르지는 않겠어요. 제발 한 번만 만나 주세요."

상대방의 청이 하도 간절해서 나는 그만 허락하고 말았다. 장애 아동의 엄마들이 얼마나 애타게 도움을 찾아 헤매이며 지푸라기라도 잡고 싶은 심정인가를 그동안의 경험으로 아는 처지인지라 차마 그 엄마의 간절한 청을 거절할 수 없었다.

그리고 그날 오후 초인종이 울렸다. 나가 보니 여러 사람이 문 앞에 서 있었다. 아이 하나가 아니라 형제였고 엄마에 이모까지 와서 모두 네 명이었다.

"어느 아이 때문에 전화를 하셨는지요?"

"이 아이예요. 여섯 살이 되었는데도 말을 전혀 안 해요."

"한 마디도 안 해요?"

"엄마 소리 하나만 해요. 그 외엔 아무 말도 안 해요."

"그렇군요. 엄마라고 말하는 걸 보면 성대에 이상이 있는 것은 아니고…… 앞으로 말할 가능성은 있겠네요."

"여러 병원에 다녀 봐도 모르겠대요."

"형은요?"

"형은 보시다시피 다운*이에요. 얘는 말도 하고 명랑한데 크게 발전할 가능성이 없어서 답답하지요."

● 다운 증후군Down's syndrome, 염색체 이상의 선천성 질환으로, 가볍거나 심한 정신 지체 증상을 보인다.

"그러네요. 하지만 교육과 훈련에 의해서 제 앞가림을 하고 살 정도로는 될 수 있지요."

"작은아이는 어떻게 하면 좋을까요?"

"글쎄요. 제가 놀이방이라도 갖고 있으면 놀이치료를 시작해 보겠는데 그렇지 못한 형편이라 무어라 드릴 말씀이 없네요. 답답하긴 합니다만 자라면서 자연 치유가 될지도 모르니 좀 기다려 보실 수밖에 없겠네요."

미리 짐작한 바이지만 이렇게 답답하고 무책임한 대답밖에 할 수 없는 나의 처지가 참으로 민망하고 무안했다. 『딥스』를 번역해 책으로 내고 나서도 많은 시간이 흘렀는데 지금껏 이렇게 속수무책으로 앉아 있었나, 하는 일종의 자책감이 스쳐 가기도 했다.

### 이론에서 현장으로

숙명여대에서 학생들에게 놀이치료 과목을 가르치기 위해서 동네 아이들 가운데 정서장애아를 찾아서 부모의 양해를 받고 주 1회씩 대학 강의실로 불러 한 시간씩 놀아 준 일은 있었다.

이때 최소한의 놀잇감을 준비했고 물, 젖병, 미끄럼틀, 아기 침대, 시소 등을 갖추어 놓았다. 내가 아이와 놀아 주는 것을 학생들은 관찰실에서 숨을 죽이고 들여다보고 있었고, 한 시간 뒤 교실에서 나와 지켜본 것에 관해 토론했다.

이런 커리큘럼이 15주 정도 계속되는 동안 아이는 눈에 띄게 좋아졌고 학생들은 놀이치료에 대한 확신을 갖게 되었다. 그 당시에 함께한 학생들이 졸업해서 나중에 나와 같이 아동 상담센터의 주역이 된 이들이다.

1987년은 나의 회갑이었다. '회갑을 어떻게 축하해 줄까'를 의논하기 위해 미리 찾아온 제자들에게 나는 "나와 함께 새로운 일을 시작할 용의가 있으면 그것이 최상의 축하가 되겠다"고 말했다.

마침 그때 나는 흑석동에 위치한 원불교 서울 회관에 있는 원광 새마을 유아원의 원장직을 제의 받았다. "오전에는 유아원을 운영하고 오후에는 빈 교실에서 놀이치료를 해도 좋다는 조건이라면 맡겠노라"고 대답한 상태였는데, 유아원 쪽에서 그걸 받아들여 주었고 나는 가슴이 설레던 중이었다.

놀이치료를 하려면 혼자서는 역부족이라 제자들과 함께하면 좋겠다고 생각하고 있었는데, 졸업하고 다른 기관에서 상담 경험을 조금씩 쌓은 제자들이 찾아와서 참여하겠다고 한 것이다. 일이 수월하게 진행되어 그해 5월 '원광 아동 상담소'의 문을 열게 되었다.

이 사실이 조선일보에 조그맣게 보도되었는데 우연히도 1년 전 『딥스』를 읽고 나를 찾아왔던 그 엄마가 이 기사를 읽은 것이다. 그것은 천행이었다. 그녀는 즉시 나에게 전화를 걸었고 시간 약속을 한 뒤에 작은아들을 데리고 찾아왔다. 물론 나는 그들을 반갑게 맞이했다. 그들이야말로 내가 이 일을 시작하게 만든 동기를 부여한 장본인이니 말이다.

20평쯤 되는 커다란 유아원 교실 한구석에 작은 카펫 한 장을 깔아놓고 그곳을 '놀이치료 코너'라고 부른 것은, 지금 생각하면 무모한 짓이다. 하지만 그 정도가 당시에 급한 대로 할 수 있는 최선이었다. 물론 놀이치료 코너에는 당시 유아원에서는 볼 수 없었던 몇 가지 특수한 놀이 도구도 마련했다. 엄마, 아빠와 실제로 크기가 비슷한 미국산 인형(국산이 없었기에), 아기 인형, 창의성을 자극하는 그림 도구와 이젤, 점토, 핑거 페인팅 등이 있었다. 젖병, 물 등은 당연히 비치되어 있었다. 그리고 아이들이 드나들 수 있는 텐트도 마련했다. 유아원 교실이 엉망이 될까 봐 겁이 나서 첫해에는 모래 놀이 상자까지는 준비하지 않았다.

이 어설픈 공간에서 그 아이와 나의 만남은 이루어졌고 우리는 매주 목요일 오후에 한 시간씩 만났다. 아이의 입이 열리고 마침내 말을 하게 될 때까지 계속 만났다.

다행히 영수 엄마는 더우나 추우나 거의 빠지는 일 없이 꾸준히 아이를 데리고 왔다. 그 엄마는 아이를 고치겠다는 집념이 강했고 나에 대한 믿음도 보통이 아니었다. 내가 아무리 성의를 다한다 해도 부모의 협조 없이는 좋은 성과를 기대하기 어려운 법인데 이 엄마는 나에게 충분한 기회를 준 셈이다. 우리는 무려 46회를 만났고 그 사이에 14개월이라는 시간이 흘렀다.

## "제발 나를 떼어 버리지 마세요"

영수가 엄마에게 이끌려 상담소에 처음 나타난 것은 1987년 6월 초순이다. 복도에서 엄마와 몇 마디 인사를 나누고 나는 영수 손을 잡고 놀이방 안으로 들어갔다. 영수는 순순히 따라 들어왔다. 영수가 들어서자마자 나는 영수의 눈을 들여다보며 말했다.

"영수야, 여기는 놀이방이야. 이 방 안에서 영수는 무슨 놀이든지 마음대로 할 수 있어. 여기는 영수 방이야."

영수가 알아들었는지 못 알아들었는지는 알 길이 없었다. 그 아이는 완전히 무표정하게 말뚝처럼 서 있었다. 놀 준비가 아직 안 된 것은 너무도 당연했다. 그 순간 '내가 이 낯선 아이를 위해 할 수 있는 일이 과연 무엇일까?' 하는 생각이 머릿속을 스쳤다. 우리는 마주 서 있었고 나는 거의 본능적으로 두 팔을 벌려서 우리 사이에 따뜻한 공간을 만들었다. 그러자 영수는 서슴없이 다가와서 내 품에 안겼다. 내가 영수를 부드럽게 껴안고 몇 초인가 지났을 때 영수는 적극적으로 나를 당겨서 앉게 했다. 내가 영수에게 이끌려 바닥에 앉는 순간 그는 자기의 등을 돌려 나의 배에 대고 나의 두 팔을 끌어다가 자기를 감싸게 했다. 그러고는 내 품으로 쏙 들어와 숨기라도 하듯이 자기 몸을 작게 웅크렸다. 이 모든 일이 일어나기까지 걸린 시간은 불과 1분 정도. 참으로 놀라운 일이 아닐 수 없었다.

영수가 작년에 나를 잠깐 본 걸 기억하고 있는지는 알 수 없었다. 기억한다고 해도 그때 우리는 손 한 번 만져 본 일도, 눈길 한 번 마주친 일도 없이 헤어졌다. 오늘 다시 만났다지만 처음 본 것이나 다름없는 나에게 이다지도 적극적으로 접근해 오는 이 아이는 과연 누구일까. 어찌하여 나를 이렇게 믿고 다가오는 걸까. 혹시 자기 엄마가 나를 믿고 나에게 한 가닥 희망을 걸고 매달려 보려는 마음을 알고 그렇게 행동하는 것일까. 말을 시작하기 전의 아이는 이 세상사를 다 알고 있다는데 아직 말문이 안 트인 이 아이도 내가 뭐 하는 사람인지를 아는 것일까. 그래서 어쩌면 자기를 고쳐 줄 수도 있다는 사실을 육감으로 알고 있는 것은 아닐까.

### ■■■ 말이 아니어도 아이는 충분히 표현한다

일반적으로 상담원이 내담 아동의 신뢰를 얻어서 좋은 관계를 만들기까지는 적어도 몇 번의 만남이 있어야 한다고들 하는데 이 경우는 완전히 예외였다. 하기야 나는 다른 아이들의 경우에도 그런 문제로 시간을 많이 소모한 적이 없었던 것 같다. 많은 아이들이(버스나 전철에서 우연히 만나는 아이들까지도) 나를 보는 순간 쉽게 따르고 좋아하곤 했다. 외국의 어린이들도 예외는 아니었는데, 아마도 내가 워낙 어린이를 좋아하기 때문일 것이다. 그래서 이렇게 아동학을 전공하고 늙도록 어린이와 놀아 주는 일을 직업으로 삼으며 살고 있는 게 아닌가 싶다.

영수는 할 수 있는 한 몸을 작게 웅크려서 내 품 안에 쏙 들어오려고 안간힘을 썼고 자기 발끝이 나의 스커트 자락에서 벗어나지 않도록 계속 뒤로 물러앉았다. 그러면서 자기 손가락을 빨기도 하고 때로는 꿈틀거리기도 했다. 행여나 내 품에서 떨어져 나갈까 봐 불안한 모양이었다. 그럴 때마다 나는 영수를 더 꼭 안아서 안심시켜 주었다.

우리 둘은 마치 하나가 된 것처럼 이렇게 부둥켜안고 약 40분간 있었다. 영수는 절대로 이 자세를 먼저 풀 기세를 보이지 않았다. 불편해진 것은 오히려 내 쪽이었다. 다리가 저려서 더 이상 버틸 수가 없었다. 바지를 입었더라면 사정은 달랐겠지만, 그때만 해도 나는 상담 경력이 짧은지라 멋모르고 통이 좁은 치마를 입고 놀이방에 들어간 것이다. 그래서 무릎을 구부린 채 영수를 안고 있었다. 이제 무릎을 펴야 살 것 같아서 몸을 움직여서 두 다리를 앞으로 쭉 펴 보았다. 그랬더니 영수도 따라서 자기 다리를 앞으로 쭉 폈다.

그런데 특이할 만한 것은 영수가 두 발로 내 양쪽 다리를 쭉 훑으면서 다리를 폈다는 사실이다. 어떻게 해서든 자기 몸과 내 몸의 접촉을 더 오래 유지하고 싶어 하는 영수의 마음을 읽을 수 있었다. 동시에 뱃속에 웅크리고 있던 태아가 때가 되어 두 다리를 쭉 펴고 태어나는 것 같은 느낌을 역력하게 받았다. 이것이야말로 번개처럼 스치는 불가사의한 느낌이었다.

'아, 그렇다면 영수는 지금까지 내 품 안에서 자궁 안과 거의 비슷한 느낌으로 안겨 있었단 말인가. 그는 자꾸만 뒤로 다가앉으면서 나에게 뭔가를 전달하고 있었던 것이 아닌가.' 비록 말은 못 하지만 말보다 더 확실하게 자기 고충을 내게 전하고 있었는지도 모른다.

영수는 다리를 편 후에도 내 품을 벗어나려 하지 않고 자기를 가볍게 흔들어 달라는 신호를 보내 왔다. 영수가 원하는 대로 해 주다 보니 나는 옛날 일이 생각났다. 내가 어릴 때 외할머니께서 나를 안고 앉아 "불아 불아, 시장 시장" 하며 전후좌우로 흔들어 주시던 생각이 나서 그렇게 영수를 흔들어 주었다. 이제는 자궁 속이 아니라 요람인

셈이다. 약 10분 후에 우리는 함께 일어섰다. 그리고 나는 말했다.

"오늘은 이제 그만 집에 가야 할 시간이로구나. 엄마에게 가자."

영수는 순순히 따라나와 엄마에게로 갔다.

영수 엄마는 관찰실에서 이 모든 광경을 지켜보다가 우리가 일어서는 것을 보고 관찰실에서 나와 복도에 서 있었다. 50분 동안 지켜본 광경의 의미를 영수 엄마로서는 도저히 이해할 수 없었을 것이다. 나는 영수와 피부를 맞대고 있었기 때문에 느낌으로 다가오는 것이 있었지만, 눈으로 보기만 한 사람은 도저히 이해할 수 없었을 것이다.

나는 영수 엄마에게 물었다.

"임신중에 혹시 무슨 일이 있지 않았어요?"

"있고 말고요. 있어도 많았지요."

영수 엄마가 털어놓은 이야기는 대강 이러했다.

### ■■■ 말을 못 하는 것일까, 안 하는 것일까?

결혼한 이듬해에 첫아들을 낳았다. 처음에는 몰랐다가 기르면서 아이가 다운증후군임을 알게 되었는데 그 원인은 아무도 몰랐다. 알 길이 없었다. 영수 엄마와 아빠는 가톨릭 신자로, 영수 아빠가 전문직에 종사하고 있어서 먹고 사는 데 걱정은 없었다. 그러나 다운증후군은 자신과 부모 모두가 평생 동안 짊어져야만 하는 멍에이기 때문에 걱정되고 우울할 수밖에 없었다.

2년 후에 둘째를 임신했는데 '또 그런 아이가 태어나면 어떻게 하나' 싶어 걱정이 태산 같았다. 그래서 병원에 찾아갔다. 병원에서는 '염색체 검사를 해 보면 태아가 장애아인지 아닌지 알 수 있다'고 했다. 그래서 모 대학 병원 유전학 연구실에 찾아가서 양수 검사를 해 보기로 했다. 하지만 양수 검사는 임신 4개월이 지나서 양수가 생겨야만 할 수 있기 때문에 기다려야 했다. 그리고 양수 속에 떠 있는 세포를 채취해서 1주일간 배양해야만 그 염색체를 현미경으로 판독할 수 있기 때문에 또다시 초조한 마음으로 기다려야 했다. 다행히도 기형 조짐이 없다는 결과가 나와 안심하고 아기를 낳기로 했다. 그러나 몇 달 동안의 초조하고 불안했던 마음은 이루 형언할 수 없을 정도였다. 임신 4개월이 지나면 이미 소파 수술이 가능한 시기가 아니다. 결과에 따라서는 큰 수술을 해야 하기 때문에 마음이 여간 무거운 것이 아니었다.

임신 후반기를 무사히 넘기고 마침내 대망의 분만을 치렀다. '이번에는 온전한 아이가 나오겠지' 하는 기대감에 부풀어 있었지만 한편으로는 일말의 불안을 떨칠 수가 없었다. 그런데 이게 웬일인가. 이번에는 언청이 아이였다. 그야말로 청천벽력이었다. 엄마는 고개를 들 수가 없었고 아빠는 불같이 화를 냈다. 누구에게랄 것도 없이 북받치는 화를 참을 수가 없었던 것이다. 하늘과 땅이 모두 원망스러워 화를 내도 메아리조차 없지 않은가. 아빠는 견디다 못해 병원 쪽에 화를 냈다.

"아니, 도대체 당신들은 뭐하는 사람들이야. 이럴까 봐 미리 검사까지 받았잖아. 아무 일 없을 거라며 낳으라고 한 게 누군데, 당신들이 책임져. 난 못 길러. 내가 뭐 장애자 수용 시설 원장이야, 뭐야. 당신들이 낳으라고 했으니까 당신들이 책임져야지 난 책임 없어. 고소하겠다구."

병원 측도 난감했다. 무슨 영문인지 모르기는 마찬가지였던 것이다. 어리둥절해하며 산모의 차트를 꺼내 놓고 검토해 보았더니 의외로 풍진에 대한 플러스 반응이 기록되어 있었다. 임신 초기에 풍진을 앓으면 십중팔구 기형아를 낳는다는 것은 상식이다. 어째서 병원 측이 이 점을 간과했는지 쉽게 이해할 수 없지만, 아마도 염색체 검사에만 신경을 쓰다 보니 본의 아니게 이런 실수를 한 모양이다.

영수 엄마는 돌이켜 생각해 보니 감기같이 좀 앓았던 적이 있었다고 했다. 그것이 설마 풍진일 줄은 꿈에도 몰랐던 것이다. 병원에서 이 점을 언급하지 않은 것이 실수였다. 고소로 문제가 해결된다면야 누가 고소를 않겠는가. 상황이 이렇게까지 되고 나면 대부분의 사람들은 체념하며 이 모든 것을 운명으로 받아들이게 된다. 그러나 그건 엄마의 생각이었지 아빠는 그렇지 않았다. 아빠는 화를 참지 못하고 병원을 들었다 놓았다 할 정도로 노발대발했다. 그러고는 아기를 신생아실에 놔둔 채 산모만 퇴원시켰다.

집에 와서 눈물로 몇 밤을 지새운 엄마는 아기가 가여워 견딜 수가 없었다. 아빠가 출근한 사이, 병원에 가서 아기를 데려왔다. 아기는 이미 우는 것조차 포기한 상태였다. 아가의 배꼽과 고추는 짓물러서 눈 뜨고 볼 수 없는 상태였다. 간호사들이 기저귀도 제대로 안 갈아 준 모양이었다. 하기야 부모가 버리고 간 자식을 누가 살뜰하게 돌보겠는가. 아기는 젖도 우유병도 빨 줄 몰랐다. 입술이 째져서 쉽지 않았다. 엄마는 하는 수 없이 아기 입에 수저로 우유를 흘려 넣어 먹였다. 그리고 시집 식구들이 발을 끊기 시작했다. '여자가 잘못 들어와서 이런 일이 벌어졌다'며 냉대하니 비극은 설상가상이었다. 그러니 그 고통은 이루 다 말할 수가 없을 정도였다.

6주 후에 부모는 성급하게 아기의 언청이 수술을 시도했다. 볼깃살을 떼어 입술에 이식했으나 결과는 별로 좋지 않았다. 누가 봐도 입

영수가 내 품에서 자꾸만 뒤로 움직이며

내게 밀착해 있으려고 안간힘을 쓴 것은

결국 떨어져 나갈까 봐 아니 떼일까 봐 두려워서

필사적으로 몸부림치는 태아의 절규였음을 나는 절실히 느꼈다.

'선생님, 상담 선생님, 내 문제는 엄마 자궁 속에서부터 시작된 거예요.

아시겠어요. 나는 아주 무섭고 두려웠어요' 하고

영수는 내게 온몸으로 말한 것이다.

술이 이상하다는 걸 한눈에 알아차릴 수 있기는 마찬가지였다.

더욱이 아기는 말을 안 했다. 부모가 하는 말을 더러는 알아듣고 반응을 보이기는 했지만 절대로 입을 떼지 않았다. 급할 때만 '엄마' 소리를 할 뿐 다른 말은 한 마디도 하지 않았다. '이 아이가 영영 벙어리로 살지는 않을까?' 하는 또 하나의 불안이 엄습하기 시작했다. '입술이야 어떻든 말이라도 좀 해 주었으면' 하는 부모의 바람은 허공에서 힘없이 맴돌 뿐이었다. 영수 아빠가 자기 인생을 망쳐 놓았다고 생각하는 이런 아들을 예뻐할 리 만무했다. 거의 무관심으로 일관했으나 그래도 작은 소원이 있다면 이 아들에게 '아빠' 소리 한번 들어 보는 것이었다.

그런 와중에도 영수는 무럭무럭 자라 자기 또래의 아이들보다 키도 크고 몸무게도 더 나갔다. 힘도 세고 달리기도 잘하고 높은 곳에도 잘 올라가고 뛰어내리기도 하고 형과 싸우기도 했다. 그러나 대체로 엄마 말고 다른 사람에게는 관심이 없었다. 오로지 먹을 것에만 관심이 많았다.

### ▀▀▀ 아기는 뱃속에서부터 상처받았다

이 이야기를 다 듣고 나니 놀이방에서 본 영수의 행동을 이해할 수 있었다. 대체로 임신중에는 엄마와 아기가 일심동체가 되기 때문에 엄마 마음이 그대로 아기에게 전해지고 아기 마음도 그대로 엄마에게 전해진다고 한다. 아기는 어떤 색깔로도 물들지 않는 백지 같은 상태라 엄마 마음을 잘 이해하는 데 반해, 엄마는 이미 나이도 먹고 오염된 영혼인지라 아기 마음을 뚜렷이 알아차리지 못할 때가 많다. 엄마가 '아기를 떼어 버릴까' 생각만 해도 아기는 불안하다는데, 하물며 양수를 뽑는다고 주사바늘을 자궁 속으로까지 들이밀었을 때 아기가 느낀 공포는 어떠했겠는가. 어른들은 모른다.
언젠가 텔레비전에서 본 '생명의 신비'라는 프로그램의 한 장면이 생각난다. 자궁 벽에 바늘이 들어오니까 깜짝 놀란 태아가 필사적으로 반대 방향으로 도망치는 장면이 초음파 사진에 찍혔는데, 지금도 생생하게 떠오를 정도다. 생명에 대한 본능적 애착은 몸집이 작다고 해서 결코 덜하지 않을 텐데, 태아라고 혹은 말하지 못한다고 그 존엄성을 경시한대서야 말이 되겠는가.

영수가 내 품에서 자꾸만 뒤로 움직이며 내게 밀착해 있으려고 안간힘을 쓴 것은 결국 떨어져 나갈까 봐 아니 떼일까 봐 두려워서 필사적으로 몸부림치는 태아의 절규였음을 나는 절실히 느꼈다.

'선생님, 상담 선생님, 내 문제는 엄마 자궁 속에서부터 시작된 거예요. 아시겠어요. 나는 아주 무섭고 두려웠어요.' 하고 영수는 내게 온몸으로 말한 것이다.

"엄마 제발 나를 떼어 버리지 마세요. 나는 살고 싶어요!"

이것이 비단 영수만의 절규일까. 한 해에도 수십만 명의 태아가 이렇게 소리 지르며 죽어 갈 때 누가 눈 하나 깜짝하던가. 뱃속의 아기를 마치 손끝의 가시 빼듯 쉽게 없애 버리는 철없는 엄마들은 제발 정신 좀 차렸으면 한다. 그 죄를 다 어찌 받으려고 그러는가.

## 두 번째 이야기

정서장애 아동은 음식 통제가 힘들다.
사랑하는 사람에게 맛있는 음식을 주고 싶은 것은
인지상정이다. 그렇다면 사랑받고 싶은 마음을
음식으로라도 채워 보려는 것도
본능적인 절박감 때문이 아닌가 싶다.

## "이젠 걸음마 해 볼래요"

영수는 다음번에 놀이방에 왔을 때도 여전히 무표정했다. 놀이를 주도하는 것도 여전했다. 내가 선 자세에서 그를 가볍게 포옹하니 그는 얼른 돌아서서 또다시 자기의 등을 내 배에 댔다. 그러더니 내 팔을 끌어다가 자기 팔로 감싸 안고 자기의 두 발을 하나씩 하나씩 내 발 위에 올려놓았다. 그러고는 앞으로 걸어갔다. 이인 삼각이 아니라 이인 이각이었다. 나는 그가 하자는 대로 따라 걸었다. 물론 방향도 속도도 보폭도 영수 마음대로였다. 영수가 '이젠 걸음마 할래요.'라고 말하는 듯했다. 엊그제 태어난 아기가 벌써 걷기 시작한 셈이다. 놀이치료뿐 아니라 모든 심리 치료 과정에서는 자기 인생의 잘못된 부분을 다시 살아 보는 경험을 하게 된다. 어른의 경우는 정신 치료를 받을 때 언어로 이 과정을 거치는 경우가 많다. 정신과 의사는 대개 환자의 어린 시절을 일부러 상기시키면서 이야기의 실마리를 풀어 간다. 몇십 년 살아 온 이야기를 말로 다 풀자면 시간이 꽤 많이 걸리기도 한다. 몹시 괴로웠던 상황을 자꾸 말하면서 우는 경우가 있는데, 이렇게 함으로써 응어리진 것이 풀릴 수 있다. 뿐만 아니라 울면서 쏟아 내는 눈물과 콧물로 마음을 정화시키는 경우도 적지 않다.

말보다 행동이 더 효과적일 때도 많다. 미운 사람을 때리는 대신 방망이질을 실컷 한다든지, 공을 세게 때린다든지(쇠막대기로 골프공을 치지 않는가), 소리를 크게 지른다든지, 공을 걷어찬다든지, 헝겊이나 옷 등을 갈기갈기 찢는 행동들은 자신도 모르게 자기 안에 쌓였던 스트레스를 푸는 방법이 될 수 있다.

이러한 행동 가운데는 파괴적인 것도 있고 건설적인 것도 있다. 대개는 파괴의 단계를 지나야 건설의 단계로 들어갈 수 있다. 물건을 파괴하고 남에게 손상을 입힘으로써 만족을 얻는 일은 비사회적 행동이기 때문에 환영받지 못하지만, 감정을 승화시켜서 그림을 그리거나, 노래를 부르거나, 조형물을 만드는 행동은 예술이란 이름으로 환영받는다.

많은 사람들이 과거의 잘못된 부분을 다시 살아 보고자 하는 무의식적인 욕구를 느낀다. 만일 전문가의 도움을 얻어 이런 과정을 제대로 수행할 수 있다면 이 경험은 그 사람에게 커다란 축복이 될 것이다. 왜냐하면 다시 살아 봄으로써 과거의 상처를 씻고 상처 났던 자리에 새살이 돋게 하는 효과를 얻을 수 있기 때문이다.

### ▰▰▰ 잘못된 인생을 다시 살아서 치유한다

영수도 놀이치료를 통해서 그런 과정을 경험하고 있는 중이었다. 엄마 자궁 속에서 경험했던 불안을 내 품에 불안 없이 안겨 있는 40여 분 동안에 지울 수 있다면 새로 태어난 아기처럼 행동할 수 있는 것이다. 영수는 이제 걸음마를 해 볼 만큼 성취 의욕이 생긴 것이다. 다만 아직 혼자 걷는 것이 아니라 자기 등을 내 배에 밀착시킨 상태에서 걷는 것이니 불안이 완전히 사라진 것은 아니다. 내게 도움을 청하고 있는 것이다.

그러나 기어 다니지 않고 바로 걸을 생각을 한 것이 신기하고 반가웠다. 만일 성장 과정을 처음부터 모두 다시 되풀이해야 한다면 얼마나 지루하겠는가. 그런데 영수는 디딤돌을 건너뛰듯 벌써 장족의 발전을 보여 주고 있었다. 그러나 치료 과정에서는 반드시 전진만 기대할 수는 없다. 앞으로 가는 듯하다가 멈출 수도 있고, 때로는 후진해서 영아기로 돌아가는 퇴행을 보일 수도 있다. 물론 그러다가 다시 추스르고 일어나 앞으로 나아가기도 한다. 힘들었던 시기일수록 거기에 오래 머물러서 같은 행동을 되풀이하는 현상은 치료 과정에서 흔히 볼 수 있는 일이다.

앞서 말했듯이 유아원 교실에서 놀이치료를 했기 때문에 넓은 공간에서 걸음마 연습을 할 수 있어 좋았다. 영수는 비록 내 품 안이었지만 자유자재로 넓은 교실을 돌아다니는 행복을 누렸다.

얼마 후 그는 내 발 위에서 자기 발을 내려놓고 내 등 쪽으로 몸을 옮겨 내 어깨를 누르고서는 업어 달라는 시늉을 했다. 나는 그 아이를 업고 일어섰다. 영수의 몸무게는 환갑이었던 내게 조금 부담스러웠지만 그런 것을 논할 때가 아니었다. 어떻게든 이 아이가 받은 마음의 상처를 어루만져 주기 위해서는 요구에 응하는 것이 치료의 효과를 극대화하는 길이라고 생각해서 기꺼이 영수를 업었다. 어르며 까부르는 상하 운동의 리듬을 약간씩 가미하면서 말이다. 다행히 내게는 골다공증 같은 병은 없었다. 젊어서 좌골 신경통을 앓았을 때 배운 운동 요법을 평소에도 자주 활용해 왔고 칼슘이 풍부한 음식을 많이 섭취했기 때문에 허리 걱정은 안 해도 됐다.

한참을 업고 있었는데 영수가 내 등을 미끄러지듯 내려갔다. 이제 영수는 내 몸의 거의 모든 부분을 다 경험한 셈이다. 안기고 업히고 팔과 다리를 접촉해 보기도 했다. 우리는 이러한 몸의 접촉을 통해서 아주 빠르게 친해졌다. 이것이 바로 요즈음 강조되는 스킨십이 아니겠는가?

말을 하는 아이라면 몸의 접촉을 통하지 않고 말만으로도 얼마든지 친해질 수 있지만 영수의 경우에는 몸과 몸의 접촉이 거의 필수적이었다. 그리고 그 방법을 택한 것은 어디까지나 영수 자신이었다. 맨 처음 나는 두 팔을 벌려서 안아 줄 뜻이 있음을 보였을 뿐인데 영수는 여기에 적극적으로 반응해 나를 충분히 받아들였다.

▰▰▰ **너희들이 하고 싶은 대로 해도 괜찮아, 다 괜찮아!**

놀이치료실에 들어오는 아이들은 처음에는 상담원의 눈치를 보면서 접근해 온다. 놀잇감을 만질 때도 거기에 일단 손을 대고 상담원의 눈치를 본다. 그리고 나서 "응, 갖고 놀아도 돼." 하는 상담원의 말이 떨어짐과 동시에 그것을 집어서 갖고 논다. 또 다른 것을 갖고 놀려면 다시 한번 쳐다본다. 이번에는 고개만 끄덕거려도 안심하고 갖고 논다. 다음엔 눈빛만 봐도 안다. 웃는 낯이면 무조건 집어 간다. 물어보지 않아도 된다는 것을 경험을 통해 차츰 알게 되는 것이다.

영수는 어리고 말을 못 하지만 분명히 자아실현의 길을 걷고 있었다. 놀이방에서 말없이 보여 주는 자주성, 주체성은 가히 놀랄 만하고 존경스럽기까지 했다. 그는 절대로 우회하지 않고 직선 코스로 최단 거리로 목표 지점까지 가기 위한 진로를 이미 선택한 것이다.

이때 상담원의 눈빛은 참으로 중요하다. 아이의 모든 것을 받아들이고 모든 행동(위험한 짓이 아닌 한)을 수용하는 눈빛이어야 한다. 이것은 결국 마음의 표현이다. 마음을 비우고 지금 내 앞에 있는 아이의 감정과 느낌, 행동에만 신경을 집중하고 공감하는 자세를 취해야만 좋은 효과를 기대할 수 있다. 수도인의 자세, 선을 하는 마음과 다르지 않다.

자기 문제에 얽매여 있거나 잡념에 빠져 있다면 상담은 할 수 없다. 상담하는 동안은 자신의 모든 고민에서 해방돼 있어야만 한다. 만일 아이의 문제가 자기 문제와 부딪쳐 상담자가 과잉 반응을 보이는 날에는 상담이 실패로 끝나는 것은 물론이고 때로는 상대방(아이 또는 부모)에게 상처를 주는 경우도 있다.

그래서 상담원이 되려면 선배 상담원 또는 정신 분석가에게 일정 기간 정기적으로(대개 주 1회) 교육상담 내지는 정신분석을 받는 것이 꼭 필요하다. 그렇게 자신의 심리적 문제를 어느 정도 해결하고 마음의 짐을 훌훌 털어버린 상태에서(이상적으로 말하자면 빈 마음 혹은 비판 없는 마음으로) 상대방을 만나야 한다. 그래야만 내가 상대방에게 거울의 역할을 할 수 있다. 거울에 비친 자기 모습을 분명하게 보고 바꾸어 가는 작업은 내담자의 몫이다.

### ■■■ 아이들의 자아실현을 눈여겨 보자

물론 아이도 이 작업을 해낼 수 있다. 본인이 의식하지 못하는 가운데 이 과정은 진행되며 궁극의 목표인 자아실현에 이르게 된다. 사람은 연령에 상관없이 누구나 더 나은 자기를 만들기 위해 부단히 노력한다. 그러나 환경이 여의치 않을 때는 얼마든지 빗나갈 수 있다. 이때 자아실현에 힘을 북돋워 주는 건 일차적으로는 부모나 교사, 선배의 몫이지만 그들만으로 안 될 때에는 상담 전문가, 정신과 의사 또는 겸손한 성직자의 도움을 받는 것이 좋다.

영수는 어리고 말을 못 하지만 분명히 자아실현의 길을 걷고 있었다. 놀이방에서 말없이 보여 주는 자주성, 주체성은 가히 놀랄 만하고 존경스럽기까지 했다. 그는 절대로 우회하지 않고 직선 코스로 최단 거리로 목표 지점까지 가기 위한 진로를 이미 선택한 것이다. 그가 숨겨진 잠재력을 유감없이 발휘하여 목표를 달성할 수 있도록 나는 가슴을 활짝 열어 놓고 그의 곁에 있어 주리라 다짐했다.

## "나는 항상 배고파요"

이제 영수에게 놀이방은 결코 낯선 곳이 아니었다. 뿐만 아니라 유아원 전체를 자기 집처럼 느끼는 것 같았다. 주방과 교사실을 자유자재로 드나들며 찬장이나 냉장고 문을 모두 열어 본다. 먹을 것을 찾아다니는 것이다.

놀이방에서는 원칙적으로 음식을 제공하지 않는다. 엄마가 갖고 온 것이 있어도 놀이 시작 전에 먹어야 한다. 놀이방에는 갖고 들어오지 못한다.

그러나 영수에게는 이런 상식이 통하지 않는다. 무엇이든 하고 싶은 대로 해야 하는 아이였다. 주방의 싱크대를 밟고 올라서서 높은 곳에 있는 음식도 쉽게 찾아냈고 만일 주방에 먹을 것이 없으면 교사실 사물함까지 열어 보았다. 영수는 유아원에서 어린이들에게 간식을 주고 남을 때도 있다는 것을 아는 모양이었다. 이렇게 찾아낸 음식을 걸신들린 듯 먹어 치우고서야 영수는 놀이방으로 들어왔다.

영수의 이러한 행동은 몇 달이 지나도록 계속되었다. 엄마 말에 의하면 집에서 충분히 먹이고 데려와도 여전히 이렇게 행동한다는 것이다. 이것은 우리에게 무엇을 말해 주는 것인가.

### ■■■ 마음의 결핍을 음식으로 채우는 아이들

시카고 대학의 베틀하임 B. Bettleheim 교수는 이미 고인이 되었지만 생존 당시 정서장애아를 위한 대학 부설 기숙사 학교를 창설하고 초대 원장을 지낸 사람이다. 가출한 후 그곳에 수용된 초·중·고등학생 연령대의 아이들은 다시 집으로 돌아가는 걸 거부했다.

이곳에서는 몇 명의 상담원이 상주하며 주야 교대로 아이들과 함께 스물네 시간 생활했다. 그런데 베틀하임 교수의 철학에 따라 규율은 매우 부드러워서 자율적 행동을 많이 허용했다. 냉장고와 찬장에는 항상 여러 가지 음식이 가득 들어 있어 언제든 마음대로 꺼내 먹을 수 있게 했다. 물론 일정한 시간에 식사를 제공하지만 그 시간이 아니어도 아무 때나 무엇이든지 마음대로 먹을 수 있는 분위기가 조성되어 있는 것이다.

이곳의 아이들은 대체로 많이 먹는 편이라고 한다. 음식을 시도 때도 없이 먹고 폭식을 해서 비만증에 걸린 아이도 많다. 그래도 먹고 싶은 대로 먹으라는 식이다.

이곳의 아이들은 대부분 심각한 사랑의 결핍을 경험하고 자랐기 때문에 항상 마음이 허전하고 무엇으로도 채워지지 않는 공허감에 시달리고 있다. 오죽하면 자기 집으로 안 돌아가겠다고 결심을 했겠는가. 그러니 그 허탈한 마음을 음식으로라도 채워 보려고 안간힘을 쓰는 것이다. 먹어도 먹어도 만족할 수 없고 왠지 허전한 마음이 들어서 계속 먹어대는 것이다. 외모나 모양새를 걱정할 겨를도 없다.

본디 먹는 일은 인간의 기본권에 속한다. 이보다 더 중요한 일이 어디 있겠는가. 정서장애 아동은 음식 통제가 힘들다. 사랑하는 사람에게 맛있는 음식을 주고 싶은 것은 인지상정이다. 그렇다면 사랑받고 싶은 마음을 음식으로라도 채워 보려는 것도 본능적인 절박감 때문이 아닌가 싶다.

영수가 음식을 찾아 헤매는 것은 당연한 일인지도 모른다. 그의 행동은 거의 본능적인 것처럼 보였다. 그래서 나는 미리 찬장에 과자를 넣어 두고 냉장고에는 요구르트나 우유를 비치해서 영수가 그곳을 열었을 때 실망하지 않도록 배려했다. 영수는 무엇이든 먹고 난 후에야 놀이방에 들어올 마음이 생기는 듯했다. 다행스럽게도 영수는 살이 찌지 않고 지극히 정상적인 체격을 유지했다.

## 세 번째 이야기

영수는 아빠 인형에게 뽀뽀를 했다.
아빠 발을 질겅질겅 씹기도 하고
머리통을 물기도 했지만, 때로는 뽀뽀도 하고
아빠에게 옷을 입히라고 내게 가져오기도 했다.

## "나는 아빠가 미워요"

어느덧 여름이 되고 놀이방에서 영수의 놀이는 점점 활기를 띠기 시작했다. 영수가 이제 놀잇감에 눈을 돌릴 여유가 생겼기 때문이다. 전에도 말했듯이 이 방에는 몇 개의 인형들이 있는데 첫눈에도 아빠 인형, 엄마 인형, 아기 인형이라는 걸 알아볼 수 있다. 아빠 인형은 정장을 하고 넥타이까지 매고 있었는데, 영수 아빠 역시 날마다 넥타이를 매고 출근하는 사람이어서, 영수가 이 인형을 아빠로 인식하는 데는 아무 무리가 없었다. 당시 국내에서는 이런 인형을 구하기 힘들어서 우리는 미국에서 구해 왔다.

어느 날 영수는 이 아빠 인형을 발견하자 옷을 벗기더니 점토를 한 조각 떼어 얼굴을 가렸다. 또 한 조각을 크게 떼어 내더니 가슴에, 배에, 왼쪽 상박(팔)과 하박에, 다음에는 오른쪽 상박과 하박에, 그리고 양쪽 대퇴부에, 정강이에, 마지막으로는 양쪽 손과 발에 각각 한 조각씩 떼어서 붙였다.

그러더니 나무 망치를 집어 들고 얼굴부터 순서대로 점토를 때리기 시작했다. 점토는 점점 넓게 퍼져서 온몸을 덮었다. 그래도 영수는 계속 인형을 때렸다. 그러고는 만족스러운 표정을 지었다. 영수의 표정 변화를 본 것은 이때가 처음이다.

만일 영수가 인형의 얼굴만 덮지 않아도 아빠에게 점토로 옷을 입혔다고 생각할 수 있었을 것이다. 그러나 영수는 얼굴을 제일 먼저 덮었다. 그 순간 나는 숨이 막히는 느낌을 받았다. '아, 아빠를 질식시키고 있구나.' 하는 생각이 들었다.

놀이방에서 아이가 누군가에게 미운 감정을 표현하는 건 흔히 있는 일이어서 놀랄 필요는 없다. 어떤 아이는 아빠 인형을 자동차 밑에

깔고 뭉개기도 한다. 또 어떤 아이는 모래 속에 사람이나 동물을 묻는 것을 좋아한다. 만일 이때 놀이방에 지금처럼 모래 상자가 있었다면 영수는 아빠 인형을 묻었을지도 모른다.

그러나 그런 것이 없어도 아이는 얼마든지 감정 표현의 방법을 창출해 낸다. 오히려 망치로 때리는 일이 묻는 일보다 더욱 스릴을 느끼게 할지도 모른다. 아빠를 직접 때리면 조금은 미안한 감정이 들 텐데 점토로 덮고 때리니 '나는 점토를 두들기고 있다'는 생각 때문에 죄의식이 좀 덜할 것이다. 때리고 나서 영수는 방바닥에서 깡충깡충 높이 뛰어올랐다.

이날 이후 영수는 놀이방에 들어서자마자 아빠 인형부터 찾았고 찾는 즉시 옷을 벗기고는 점토를 붙였다. 붙이는 순서는 언제나 전과 마찬가지였고 다 붙이면 망치로 실컷 두들겼다. 그리고는 만족스러운 표정을 지었다. 그의 잠재의식 속에 몇 년 동안 웅크리고 있던 아빠에 대한 감정이 이제 조금씩 녹아내리고 있는 건지도 몰랐다. 이 놀이는 무려 두 달이나 계속되었고 그때마다 영수는 바닥에서 깡충

깡충 뛰었다.

영수가 뛰는 행동을 너무 좋아해서 나는 뜀틀을 제공했다. 영수는 지체하지 않고 뜀틀에 올라서서 내게 손을 내밀었다. 나더러 손을 좀 잡아 달라는 것이었다. 영수는 나를 잡고 높이 뛰었다. 만족스러운 얼굴로 10여 분씩 뛰었다. 때로는 신들린 무당처럼 땀에 흠뻑 젖을 때까지 뛰었다.

■■■ 아이는 많은 것을 알고 있다

영수는 왜 그렇게 아빠를 미워했을까? 단순히 놀아주지 않는다고 미워하지는 않았을 것이다. 말을 못 하는 사람은 다른 감각이 극도로 예민해지고 발달하는 법이다. 마치 앞을 못 보는 사람이 손끝 감각이 예민해서 점자를 읽을 수 있듯이, 영수는 직감이 비상하게 발달돼 있었을 것이다.

영수와 나의 첫 만남만 해도 그렇다. 아무에게도 고운 눈길 한번 준

일 없던 아이가 어떻게 나를 완전히 믿고 자진해서 내 품에 안겼는지를 생각하면 신기하기 그지없다. 그런 직감력으로 아빠를 바라보았다면 과거 6년간 아빠가 자기를 어떻게 대했는지, 그 밑바닥에 어떤 감정이 흐르는지 정도는 귀신같이 알 수 있었을 것이다.

그뿐이었겠는가. 어른들의 대화에서도 읽어낼 수 있는 정보가 왜 없었겠는가. 영수는 말은 못 해도(혹은 안 해도) 듣는 능력엔 전혀 문제가 없었기 때문에 어른들이 무심코 흘리는 말 가운데서 아빠가 자기를 병원에 놔두고 엄마만 퇴원시킨 사실을 알아차렸을지도 모른다. 어른들은 아이들 앞에서 말을 조심하지 않는 편인데, 입을 열지 않고 말을 하지 않는 아이 앞이었으니 더 조심하지 않았을 것이 뻔하다.

영수는 과연 말을 못한 것일까, 안 한 것일까. 정답은 아무도 모른다. 그렇지만 우리는 사람의 행동이 보여 주는 일반적 원칙 몇 가지를 알고 있다. 심하게 화가 난 사람은 말을 안 한다거나, 싸움을 하고 나면 싸운 사람끼리 서로 말을 안 하고 버티다가 먼저 말한 사람이 지는 것인 양 생각한다는 원칙 말이다.

영수가 아빠와 싸울 수 없는 입장인 걸 감안하면 영수의 경우는 아마도 말을 안 하는 쪽일 것이다. 과연 영수가 몹시 화가 나서 말을 안 하는 것인지는 좀 더 두고 봐야 알 일이다.

그러나 이 시점에서도 영수가 자기 입술이 남과 다르다는 사실 정도는 알고 있다는 걸 짐작할 수는 있었다. 그리고 그 사실 때문에 수술을 받아야 했던 일도 알고 있는 것 같았다. 물론 그것을 기억하기엔 너무 어린 나이였지만, 그때의 고통이 어떻게 잠재의식 속에 각인돼 있지 않을 수가 있겠는가.

어른들이 그것을 심심치 않게 화제로 삼았을 것이고 그때마다 끌끌 혀를 차며 안쓰러운 눈초리로 아이를 바라보았을 것이다. 따라서 영수는 자기 입술에 얽힌 비극을 어렴풋이나마 기억할 수 있었을 것이다. 그러니 어떻게 자기 입술에 대한 열등의식이 없었겠는가. '차라리 말을 안 하는 편이 낫겠다'고 왜 안 느꼈겠는가. 목구멍이 포도청이라 먹는 일은 어쩔 수 없이 하지만 말은 굳이 하고 싶지 않은 걸까. 아니면 너무 기가 막혀서 말이 안 나오는 것일까.

그렇다면 왜 '엄마'라는 한 마디는 하는 것일까. 이것은 '내가 벙어리가 아니다'라는 것을 증명하기 위함일까. 엄마가 아니었다면 영수는 태어나 얼마 안 돼 병원에서 죽었을 것이다. 생명을 건진 것은 엄마의 모성애와 자비로운 마음 덕분이다. 영수는 그런 엄마에 대해 고마움을 느낀다. 엄마가 없으면 하루도 살아가기 어렵다는 것을 너무도 잘 알기에 생명의 한 가닥 끄나풀인 엄마만은 꼭 붙잡고 늘어지는 건지도 모른다.

그러던 어느 날 영수는 아빠 인형에게 뽀뽀를 했다. 아빠 발을 질겅질겅 씹기도 하고 머리통을 물기도 했지만, 때로는 뽀뽀도 하고 아빠에게 옷을 입히라고 내게 가져오기도 했다. 아빠가 밉기도 하고 곱기도 한, 두 가지 감정을 동시에 표현하기 시작하는 것 같았다.

## "배꼽과 고추가 몹시 아팠어요"

어느 날 영수는 유아원 사물함 선반에 놓여 있는 스케치북이 눈에 띄자 무조건 들고 와서 펼쳤다. 그림을 그리고 싶다는 표현일 것이다. 나는 재빨리 새 스케치북을 한 권 꺼내서 영수에게 주고 "여기에다가 그리자. 이게 영수 거다." 하며 이름을 써 주었다. 크레파스도 한 상자 내주었다.

영수는 서슴없이 그려 내려갔다. 사람의 머리에서부터 모자, 그리고 얼굴의 이목구비까지를 뚜렷하게 그렸다. 그런데 목, 몸통, 팔까지만 그리고 다리는 그리지 않았다. 옷을 입은 것처럼 단추를 두 개 그

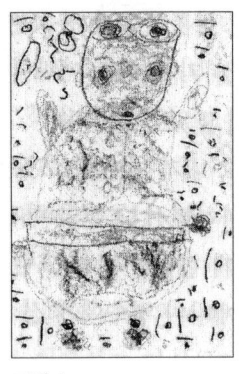

그림 1

리더니 그 아래쪽에 배꼽과 고추를 그리는 것이 아닌가. 옷을 입은 사람인지 벗은 사람인지 알아볼 수 없는 모순된 그림이었다(그림 1 참조).

그러더니 영수는 만족한 듯이 스케치북을 덮고 뜀틀로 갔다. 기쁜 마음을 표현할 때는 언제나 뛰었다. 뜀틀에서 100번 이상씩 뛰었다.

이런 행동도 두어 달 계속되었다. 놀이방에 올 때마다 똑같은 그림을 계속 그렸다. 그림을 잘 그리는 날도 있었는데 기본 틀에서 벗어나지 않고 항상 같은 것만을 그렸다.

나는 몇 달 전에 영수 엄마로부터 들은 이야기가 생각났다. 병원에 혼자 남겨진 영수를 찾으러 가 보니 돌보는 이가 없고, 배꼽과 고추가 짓물러서 눈 뜨고 볼 수 없는 상태였다고 했다.

영수는 지금 그때의 상황을 내게 그림으로 말해 주고 있는 것이다. 그때 배꼽과 고추가 쓰리고 아파서 견딜 수가 없었다는 이야기를 그림으로 표현하고 있는 것이다. '그랬구나, 영수의 배꼽과 고추가 아팠구나.' 하고 내가 반응을 보였으면 좋았을 것을……. 나는 혼자서만 가슴 아파하면서 그 말을 하지 못한 것이 지금도 후회스럽다. 그래서 그렇게 한없이 같은 그림을 그려댔는지도 모른다는 생각이 들어 뒤늦게라도 영수에게 진심으로 사과하고 싶은 심정이다.

이 그림에 관해서는 잊을 수 없는 에피소드가 또 있다. 영수가 놀이방에 오는 것을 그만두고 먼 동네로 이사를 간 지 1년도 넘었을 때의 일이다. 장애 아동들의 작품 전시회가 세종문화회관 지하 전시장에서 열리던 어느 가을날이었다.

한국어린이육영회의 초청을 받아 개막 행사에 참석하기 위해서 그곳에 갔다. 테이프를 끊고 일행들과 함께 그림들을 감상하며 돌아다니다가 우연히 나는 낯익은 그림 하나를 발견하게 됐다. 자세히 들여다보니 바로 배꼽과 고추를 드러낸 그림이었다. 출품자의 이름을 보니 역시 영수의 것이었다. 나는 반갑기 그지없으면서도 한편으론 가슴이 몹시 아팠다. '아직도 영수가 이 지울 수 없는 고통스러운 기억

속에서 몸부림치고 있구나.' 하고 생각하니 가슴이 아팠다. 어쩌면 영수는 일생 동안 이 잠재된 아픔을 간직하고 살아야 할지도 모를 일이다.

'인생의 첫 출발을 어떻게 하였느냐'가 한 사람 인생의 행불행을 가름하는 잣대가 될 수 있다는 학설은 어제 오늘의 이야기가 아니다. 그래서 오늘날 산부인과 의사들은 아빠를 분만실에 입회시키면서 산모와 아기를 위로하고 안심시키려고 하지 않는가. 이런 점에서 보면 우리 나라는 아직도 후진국을 면치 못하는 실정이지만, 다행히 최근에는 남편이 분만실에서 아내 손을 잡거나, 태어난 아기의 탯줄을 자르는 모습도 그리 낯선 풍경은 아니라고 한다.

### ■■■ 폭력적인 분만은 아기에게 충격을 준다

의사는 탯줄을 자르기 전에 갓 태어난 아기를 엄마 배 위에 올려놓고 모자가 체온을 통해 서로 공감하며 정을 나눌 수 있도록 한다. 이때 아기의 고개를 약간 돌려서 한쪽 귀를 엄마 심장 부위에 닿게 하면 아기는 엄마의 심장 고동 소리를 듣고 즉시 울음을 그치고 안도의 숨을 쉴 수 있게 된다. 왜냐하면 자궁 속에 있을 때부터 계속 듣던 심장 고동 소리를 출산과 동시에 못 듣게 되어 무서움에 떨며 울고 있을 때, 다시 그 소리를 듣게 해 주면 아기는 '아, 엄마가 여기 있구나. 내가 엄마로부터 멀리 떨어져 나간 게 아니구나.' 하고 안심할 수 있기 때문이다. 이런 학설을 맨 처음 내놓은 사람은 프랑스의 산부인과 의사 르봐이예였고, 그의 책 『평화로운 탄생』*은 우리말로 번역되어 나와 있다.

최근에는 몹시 보채고 우는 신생아에게 고백 성사를 하는 것이 신생아 정신 치료의 시작이라는 설까지 있다. 태교가 잘못된 아이들은 태어나서 젖을 먹지 않으려 하고 체중도 늘지 않으며 하루 종일 울기만 하는 경우가 있다. 이때 엄마가 임신중에 겪었던 슬픈 사연을 정신과 의사에게 이야기하면 그 의사가 우는 아기에게 "알겠지, 엄마는 아기를 가지려고 하지 않았어. 그래서 네 엄마는 임신중에 괴로워서 자

* 프레드릭 르봐이예 글, 김영주 옮김, 샘터사, 2003

주 아팠던 거야. 너 역시도 그런 상황에서 태어난 것이 매우 슬픈 모양이구나. 하지만 지금 너의 부모는 네가 이렇게 예쁘게 태어난 것을 기뻐하고 있지 않니." 하고 달래 준다고 한다. 그러면 엄마 품에 안겨 있던 아기는 이 말에 응답이라도 하듯 울음을 그친다는 것이다.

이러한 학설을 제기한 사람은 프랑스의 소아 정신 분석학의 권위자인 프랑소와즈 돌도이다. 그의 이론에 의하면, 아기는 태어나기 전에 염색체에 기록된 유전적인 프로그램을 이어받고 아기의 개성 역시 부모의 심리적인 경험에 영향을 받기 때문에 부모의 이러한 이야기를 알아들을 수 있다는 것이다. 아기가 태어나자마자 처음 들은 말은 평생 아기의 기억 테이프에서 지워지지 않는다고 한다. 들은 것뿐만 아니라 경험한 모든 것이 마치 비디오에 녹화되듯 기록되어 잠재의식을 형성하고 그 잠재의식은 그의 행동을 크게 좌우하게 된다는 것이다.

동물의 경우를 예로 들어 보자. 양이 새끼 두 마리를 낳았는데 한 마리는 어미가 핥아 가며 자연스럽게 길렀고, 다른 한 마리는 동물학자가 빼앗아다가 실험실에서 우유를 먹이며 인공적으로 길렀다. 이 둘이 커서 다시 새끼를 낳고 어미가 되었을 때 어미에게 양육된 놈은 새끼를 핥아 주며 어미 노릇을 잘하는 반면, 학자가 기른 놈은 새끼를 핥을 줄도 모르고 그냥 우두커니 서 있더라는 것이다. 자기가 대우받은 만큼 후세에게 물려 주는 것이다. 신생아 때의 경험이 잠재되었다가 후일 그의 행동을 좌우한다는 학설을 유감없이 뒷받침해 주는 예라고 할 수 있다.

그러고 보면 영수가 신생아 때 경험했던 불행 때문에 오랜 세월 괴로워하고 있는 걸 이해할 수 있고, 그의 그림이 무엇을 말하고 싶어하는지 알 수 있을 것 같다. 이 세상 모든 부모와 산부인과 의료진은 어떻게 아기를 낳고 받을 것인지 한번쯤 심각하게 생각해 볼 필요가 있는 것이다.

여기서 잠시 르봐이예 박사의 이론을 살펴보기로 하자. 그는 출산 과정이 폭력적이면, 그 아이가 폭력적인 성인이 될 확률이 높고 더불어 그들이 구성원인 사회도 소란스러워질 것이니, 평화적이고 사랑이

가득한 방법으로 아기를 출산해서 이 세상을 정화해 나가자고 주장했다. 나는 폭력이 난무하는 요즘 세상을 바라보면서 그의 말에 공감하지 않을 수가 없다.

그러면 그가 말하는 폭력이란 무엇인가. '누가 감히 갓난아기를 폭력적으로 다루겠느냐'고 의아해할 사람이 많겠지만 듣고 보면 수긍하게 될 것이다. 그는 분만실의 밝은 조명, 시끄러운 소리, 낮은 온도(에어컨), 의사가 아기를 거꾸로 들고 등을 때려서 울리는 일, 제왕 분만 등, 이 모든 것이 폭력이라고 강하게 이야기한다.

### ▄▄▄ 자연의 이치와 섭리대로 하면 된다

먼저 제왕 분만부터 이야기해 보자. 자궁을 뚫고 들어온 주삿바늘에 놀라 반대 방향으로 도망가는 태아의 영상에 관해 앞에서 언급한 바 있다. 바늘 끝에도 놀라는데 하물며 칼로 째고 들어오는 폭력에 대해서야 말해 무엇 하겠는가. 다행히 이때쯤이면 아기가 클 만큼 커서

밖으로 나갈 준비를 하고 있는 때라 다소 위로는 된다. 그래도 분만 예정일에 임박해서 혹은 이슬이라도 비친 후에 수술을 받으면 좋으련만 길일을 택한다며 미리 서둘러 인공적으로 아기를 꺼내는 일은 자연의 섭리를 어겨도 너무 어기는 일이라고 생각한다.

또 첫아이를 수술로 낳은 사람은 다음 아이도 반드시 수술해서 낳아야 한다고 강요하는 것도 그다지 바람직하지 못하다. 첫아이는 수술로 낳았지만 둘째, 셋째를 자연 분만으로 낳아서 잘 키운 사람들의 선례가 얼마든지 있지 않은가. 꼭 수술해서 낳아야만 하는 아기가 있다는 것을 몰라서 하는 말은 아니다. 그런 아기에게는 제왕 분만이 생명을 건져 주는 고마운 방법일 것이다. 자연 분만을 시도해 봄직도 한데, 미리부터 겁을 내고 너무 쉬운 쪽으로만 가려는 사람에게 경고하는 말이다.

아기를 낳는 일은 어차피 쉬운 일이 아니니 힘들 것을 각오해야 한다. 게다가 막상 제왕 절개를 하고 보면 여러 가지 이유에서 얼마나 더 힘들고 어려운지 알게 될 것이다. 가스가 나올 때까지 물도 못 마시고 기침이나 재채기도 마음 놓고 못하는 안타까운 사정, 항생제를 맞는 동안 아기에게 수유도 못 하고 그 아까운 초유를 짜서 버려야 하는 아쉬움 등, 열거하자면 끝이 없다.

분만실에서 의사가 아기를 거꾸로 들고 등을 때려서 울음을 터뜨리게 하는 광경을 우리는 익히 봐 왔다. 그런데 르봐이예는 이를 폭력 중의 폭력이라고 성토했다. 아기는 엄마 뱃속에서 공처럼 동그랗게 등을 굽히고 있어서 한 번도 척추를 펴 본 일이 없었는데, 세상에 나오자마자 그렇게 거꾸로 들고 울음을 터뜨리게 하니 공포 때문에 두 팔을 휘저으며 심하게 우는 것이라고 한다.

울리는 것이 목적이긴 하지만 그런 폭력적인 방법이 아니고도 얼마든지 아기를 울릴 수 있다고 그는 주장한다. 발바닥을 살짝 때려도 되고 엄마 배 위에 엎어 놓고 인공호흡을 시켜도 된다. 어찌됐든 간에 척추를 자극하여 아기를 갑자기 놀라게 하는 것은 백해무익한 일이라고 한다.

분만실의 밝은 빛은 어째서 폭력일까. 이는 아기 눈에 대한 폭력이라고 한다. 아기는 자궁 속 어두운 곳에서 열 달 만에 비로소 세상에 나온다. 갑자기 밝은 빛을 접하게 되면 눈이 몹시 부실 수밖에 없다. 불안해서 깊은 잠을 못 자게 되고, 훗날 선글라스를 써야만 밝은 곳에 나갈 수 있는 약한 눈이 되기도 쉽다고 한다. 갱도에서 조난당한 광부를 데리고 나올 때도 반드시 수건으로 눈을 가려서 갑자기 밝은 빛을 보지 않도록 보호해 주는 것만 봐도 알 수 있는 이치다.

그래서 분만실은 적당히 어두워야 한다고 르봐이예는 주장한다. 몇 분 후에 차츰 밝게 하는 것이 좋고 탯줄을 자를 때는 부분 조명을 활용할 수도 있다. 퇴원 후에도 방이 너무 밝으면 아기가 편히 잠을 못 자기 때문에 커튼으로 빛을 조절해 주는 것이 좋다.

소음은 귀에 대한 폭력이라고 한다. 눈은 감을 수 있지만 귀는 스스로 닫을 방법이 없어서 모든 소리에 무방비 상태로 노출돼 있다. 날카로운 소리를 들으면 아기는 깜짝깜짝 놀라서 움츠리게 된다. 그래서 시끄러운 소리로부터 아기를 보호하기 위해서 분만실은 절대적으로 조용해야 한다고 르봐이예는 역설한다. 어른들은 소곤소곤 조

영수는 그동안 놀이방에 와서 자기 마음 내키는 대로 놀고, 저 하고 싶은 대로 행동했다.

그래도 사람들은 영수를 제재하지 않고,

마음을 읽어 주고 알아주고 감싸 주고 격려해 주었다.

아이는 이런 상황을 그대로 느꼈을 것이고 점차 마음의 안정을 찾았을 것이다.

그러면서 마음속 깊이 묻어 두었던 감정들을 조금씩 밖으로 표출하다 보니

자연스레 긴장이 풀리고 마음이 점점 가벼워진 것이다.

영수의 쌓였던 긴장이 놀이방에 올 때마다 조금씩 풀리고 있는 것이었다.

용히 이야기해야 하고 절대로 큰소리를 질러서는 안 된다. 분만실에 클래식 음악을 틀어 놓는다면 아기에게도 유익하고 어른들의 피로도 덜어 줄 것이다. 마음만 먹으면 그렇게 어려운 일도 아니다.

끝으로 에어컨에 관해 언급하기로 한다. 자궁 속 온도는 적어도 36.5도를 유지했을 텐데 아무리 삼복 더위에 태어난다 해도 실내 온도는 그보다 훨씬 낮을 것이다. 게다가 양수에 젖은 채 태어나니 우선 춥다는 느낌부터 받을 것은 의심의 여지가 없다. 아기는 오감 중에서 가장 발달한 것이 촉각이라지 않은가. 피부에 와 닿는 공기의 온도, 거기에도 신생아는 민감하게 반응하는데 만일 어른들 생각만 하고 에어컨이라도 틀어 놓는다면 아기가 느끼는 충격은 폭력과 다르지 않을 것이다.

## "엄마 젖은 물어 본 일도 없어요"

어느 무더운 여름날이었다. 나는 그날 상의는 얇은 블라우스 하나만 입고 있었다. 그런데 영수가 놀다 말고 내게 다가오더니 느닷없이 블라우스 자락을 헤치고 가슴으로 파고드는 것이었다. 이때만큼은 나도 당황했다. 유아원 교실은 마당 쪽과 복도 쪽으로 창이 많이 나 있고 복도에는 남자들도 간간이 지나다니곤 했다. 내가 제 아무리 강심장이라고 해도 여기서 가슴을 드러낼 수는 없는 노릇이었다. 나는 재빨리 영수를 데리고 텐트 속으로 숨어들었다. 텐트 안에서라면 나는 영수에게 젖가슴을 내놓을 용의가 있었다. 왜냐하면 다섯 살에 엄마의 젖을 처음으로 빨아 본 후에야 비로소 말문을 연 여자 아이의 선례가 번개처럼 내 머릿속을 스쳤기 때문이다.

윤희(가명)는 숙명여대에서 놀이치료를 위해 만난 아이 가운데 한 명이다. 윤희가 태어날 무렵에 아빠 사업이 부도가 나서 윤희네 집안 형편이 어려워졌다. 엄마도 그 일을 수습하기 위해 날마다 집을 비웠기 때문에 가정부가 윤희를 돌봤다. 한 번도 엄마 젖을 빨아 보지 못하고, 우유병을 빨면서 자란 윤희. 가족의 정이라는 걸 거의 느끼지 못하고 쓸쓸하게 자랐던 것이다.

게다가 가정부가 과묵하고 말이 없는 사람이어서 윤희는 사람들의 말소리를 들을 기회조차 별로 없이 나이를 먹어 갔다. 그래서 윤희는 말 없는 아이로 자랐고 다섯 살이 될 때까지도 말을 안 했다. 숙명여대에 다니던 이웃집 언니가 이런 모습을 딱하게 여기고 윤희를 내게로 데려와 놀이치료를 받게 된 것이다. 그때는 집안일도 수습되어 엄마가 윤희를 데리고 다니기도 했다.

여기서 윤희의 놀이 과정을 상세히 말하는 것은 생략하겠지만, 중요한 것은 그 아이가 말을 하게 된 계기가 엄마 젖을 빨고부터였다는 점이다.

어느 더운 일요일 오후였다. 윤희 엄마가 위에 헐렁한 블라우스 하나만 걸치고 부지런히 집안 청소를 하고 있는데, 윤희가 엄마를 졸졸 따라다녔다. 청소를 끝낸 엄마가 "아이 더워. 이제 좀 누워서 쉬자, 윤희야." 하며 침대에 누웠다. 윤희도 엄마를 따라 침대에 올라와 엄마 옆에 누웠다(평소에는 서로 다른 방에서 잤다). 얼굴을 마주보며 누워 있자 부드러운 분위기가 잠시 흘렀다. 윤희가 기회는 이때라고 감지한 듯 벌떡 일어나 엄마의 블라우스를 헤치고 젖가슴을 물끄러미 바라보았다. 엄마가 "왜? 한번 빨아 볼래?" 했더니 그 순간 윤희가 왈칵 달려들어 엄마의 젖을 좌우로 번갈아가며 실컷 빨고는 힘이 들었는지 축 늘어졌다고 한다. 그 후 윤희는 말문을 열었고 어휘도 급속도로 늘어 치료가 일찍 끝났다.

### ■■■ 아기의 본능은 충족되어야 한다

내가 젖가슴을 내주자 영수도 윤희처럼 주저하지 않고 달려들어 젖을 물었다. 그런데 젖을 물기만 하고 빨지는 않았다. '한 번도 빨아 본 일이 없어서 어떻게 빠는지 모르는 것일까. 아니 본능적으로라도 빨면 빨아질 텐데.' 순간 안쓰러운 생각이 들었지만 말 없이 그가 하는 대로 두었다. 이윽고 영수는 물었던 젖을 입에서 슬그머니 빼고 손으로 젖꼭지를 만져 보고 난 뒤 일어서서 나왔다. 우선은 그것만으로도 만족한 듯했다. 나는 얼른 옷 매무새를 가다듬고 텐트에서 나왔다. 우리는 아무 일도 없었다는 듯이 그날 시간을 채우고 끝냈다.

'상담원이란 이런 일까지도 해야 하는 것인가' 하는 생각이 잠시 머릿속을 스쳤지만 이 아이의 말문을 열어 주기 위해서라면 무슨 일을 못 하겠는가. '나를 얼마나 믿었기에 이렇게 할 수 있을까' 생각하니 그 믿음이 진심으로 고마웠다. 첫날부터 나를 굳게 믿고 마음의 문을 활짝 열고 다가온 영수의 행동에 대한 최소한의 보답이라고나 할까.

그 이상도 이하도 아니었다.

놀이를 끝내고 나와서 나는 영수 엄마에게 물었다.

"영수가 한 번이라도 엄마 젖을 물어 본 일이 있어요?"

"없어요, 우유로만 키웠으니까요."

누울 자리를 보고 발을 뻗는다고 하던가. 엄마는 젖을 줄 것 같지 않았던 걸까. 왜 나는 주리라고 믿었을까. 아무리 물어봐도 대답이 없을 영수였다. 나는 이날 일에 대해 더 이상 생각하지 않기로 했다.

그러나 다음 주 목요일에 똑같은 일이 벌어졌다. 영수가 다시 내 옷을 헤치기 시작하자 나는 재빨리 그를 데리고 텐트 속으로 들어갔다. 영수는 전과 같이 젖을 찾아 물었다. 그러나 이번에는 물고 세게 빠는 것이었다.

'그러면 그렇지, 못 빨 리가 있나. 아기가 젖을 빠는 건 본능이잖아. 누가 가르쳐 줘서 하나. 브라보 영수야! 그래 너는 해냈다. 기어이 해냈구나. 네가 그동안 살아가면서 손해 본 것이 무엇인지를 정확하게 찾아냈구나. 그래, 엄마 젖 한번 물어 보지도 못하고 살아온 인생이 얼마나 서글프고 허전했겠니. 그래서 내 젖이라도 물어 보고 도대체 젖을 빠는 기분이 어떤 것인지 알아보고 싶었던 거지? 그렇지, 영수야? 그래 그까짓 젖쯤 내가 못 내주랴. 젖이 나오지 않는 것이 유감이지만 한번 빨아 보겠다는데 그것도 못 해 주겠니.'
이것은 나의 소리 없는 독백이었다.
나는 사남매 모두 젖을 먹여 키운 엄마다. 물론 내가 출근하고 나면 귀가할 때까지 아기는 우유를 먹었지만 내가 집에 있는 동안에는 아기에게 내 젖을 먹였다. 부득이하게 여행갈 일이 생기면 젖이 줄지 않도록 열심히 짜 버리고 돌아와서는 다시 젖을 먹였다. 직장 때문에 온전히 내 젖으로만 기르지 못한 것을 미안하게 여겨서 두 돌이 가깝도록 젖을 먹였고 젖 뗀 후에도 좀 늦은 나이까지 우유를 병에 담아 먹임으로써 빨고 싶어 하는 본능은 아쉽지 않게 만족시켜 주려고 노력했다.
그래서인지 우리 아이들은 정서장애는 별로 모르고 자랐다. 적어도 아이들의 빨고 싶어하는 욕구 하나는 충분히 만족시켜 주었다고 나는 자부한다. 사남매에게 다 젖을 먹이고 나니 자연히 내 가슴은 납작해져 버렸다. 그러나 엄마로서의 사명을 다했는데 어떠리. 이제는 할 일을 완전히 끝내고 폐물이 되다시피 한 내 젖을 영수가 다시 빤 것이다. 비록 빈 젖이지만 영수에게 한 번 더 유용하게 쓰일 수 있었으니 그것도 보너스 효과로 볼 수 있지 않을까. 내가 젊은 상담원이었거나 내 젖으로 아이를 기른 엄마가 아니었다면 아마 불가능한 일이었을 것이다.

그러나 영수가 언제까지 내 젖에만 의존하게 할 수는 없는 노릇이었다. 그에게는 엄연히 친엄마가 있다. 엄마와의 관계를 회복할 수 있도록 도와 주는 일이 내가 해야 할 몫이었다. 그래서 그 시간이 끝난 뒤, 영수 엄마에게 간곡하게 당부했다.

"영수 어머니, 영수가 자꾸만 내 젖에 관심을 보이는데 더 이상은 내 젖을 내줄 용의가 없습니다. 이것은 내 젖으로 해결될 문제가 아니고 반드시 영수 어머니의 젖으로 해결을 봐야 하는 일입니다. 이제라도 늦지 않았으니 영수에게 젖을 물리세요. 젖이 안 나오겠지만 엄마 품에 안겨서 젖을 물고 빨며 엄마 얼굴 쳐다보고 눈을 맞추고 하는 일은 정말 중요하거든요. 기회가 있을 때마다 그렇게 해 보세요. 출생 후 첫해에 이루어졌어야 할 일이지만 이제라도 하는 것이 안 하는 것보다는 백 배 나을 거예요. 영수가 젖을 찾고 있잖아요. 그리고 알몸으로 함께 목욕하세요. 물속에서 꼭 껴안아 주고 스킨십을 느끼게 하는 일은 모자 관계를 돈독하게 하는 데 매우 효과적인 방법입니다. 내 말 명심하고 그대로만 하시면 반드시 좋은 결과가 있을 겁니다."

## "나, 똥 마려워요"

영수는 놀다 말고 가끔씩 바지를 벗었다. "오줌 마려우니? 화장실 갈까?" 하고 소변기 앞으로 데리고 가면 옆에 있는 변기 뚜껑을 가리킨다. 뚜껑을 열어 주면 앉아서 대변을 보는 것이다. 된똥을 제법 많이 누었다. 이런 일이 한두 번이면 화젯거리가 될 리 없다. 놀이방에 오고 나서 처음 얼마 동안은 이런 일이 없었는데 아빠 인형을 망치로 두드리고 자기 배꼽과 고추를 그린 뒤에는 이런 일이 자주 있었다. 이 현상을 과연 어떻게 해석해야 할까.

누구나 시험 기간 동안엔 변을 보기가 힘들다가 시험이 끝나면 시원스럽게 변을 본 경험이 있을 것이다. 또 수학여행을 떠나면 이삼일 동안은 변을 못 보다가 집에 돌아와 한꺼번에 변을 많이 본 경험도 해 봤을 것이다. 요는 긴장하면 변을 보기가 힘들어지고 긴장이 풀리면 변을 보는 일이 자연스러워진다는 의미다. 간단한 이치를 이해하면 된다. 몸과 마음은 둘이 아니지 않은가.

내가 중학교에 다닐 때 있었던 일이 생각난다. 우리 집에 도둑이 들어서 어머니의 재봉틀을 도둑맞은 적이 있다. 아침에 일어나니 집안이 시끌벅적하고 어른들은 뒤꼍에 모여 있었다. 가 보니 쟁반만한 똥자루가 있지 않은가. 간밤에 도둑이 누고 간 것이라고 했다. 그리고 그것 때문에 도둑을 잡기는 글렀다고 했다.

도둑의 세계에선 남의 물건을 훔치고 잡히지 않기 위해 똥을 누고 가는 것이 상식이란다. 그렇지만 도망가기도 바쁜데 그 긴박한 상황에 어떻게 유유히 바지를 내리고 앉아서 똥을 눌 수 있단 말인가. 마려워도 참고 도망쳐야 할 판에. 이것은 그날 이후 내 머릿속에 하나의 화두로 남았다. 그리고 그것이 풀리기까지 몇십 년이 걸렸다.

그런데 이제는 알 것도 같다. 그렇게도 오매불망 바라던 재물을 마침내 손에 넣고 나니 그 순간 긴장이 탁 풀려서 장내 긴장까지 풀리고 똥이 쏟아져 나오는 것이 아닐까. '이제는 집에 쌀을 들고 갈 수 있겠구나. 아이들 학비도 줄 수 있겠구나.' 하는 안도감이 극도의 긴장감을 풀어 주는 것이 아닐까.(예전엔 이렇게 딱한 도둑들이 더 많았다.) 물론 이것은 나의 추측이지만 같은 맥락에서 영수의 행동을 이해해 보고자 한다.

영수는 그동안 놀이방에 와서 자기 마음 내키는 대로 놀고, 저 하고 싶은 대로 행동했다. 그래도 사람들은 영수를 제재하지 않고, 마음을 읽어 주고 알아 주고 감싸 주고 격려해 주었다. 아이는 이런 상황을 그대로 느꼈을 것이고 점차 마음의 안정을 찾았을 것이다. 그러면서 마음속 깊이 묻어 두었던 감정들을 조금씩 밖으로 표출하다 보니 자연스레 긴장이 풀리고 마음이 점점 가벼워진 것이다. 아마도 어떤 행동을 하고 나니 속이 시원해졌을 테고 그 기분이 내장의 움직임까지 도와 영수는 놀다 말고 자주 바지를 내렸을 것이다. 처음 한두 번은 나도 무심히 보아 넘기며 그날 아침 통변을 못 했나 정도로 생각했는데, 그 일이 연거푸 일어나자 이것도 나의 화두가 되었다. 그러다 어느날 우리 집에 들었던 도둑에 관한 화두와 연결되어 그 실마리가 풀린 것이다. 영수의 쌓였던 긴장이 놀이방에 올 때마다 조금씩 풀리고 있는 것이었다.

## 네 번째 이야기

날이 갈수록 영수의 놀이는 다양해졌다.
그림도 인물화 말고도 자동차, 기차, 나무,
버스, 우유병, 청진기에 이르기까지
매우 다양하게 그렸다. 그러나 배꼽과 고추가 있는
자화상은 꾸준히 이어졌다.

## "제가 죽일 놈입니다"

영수 엄마는 내 말을 귀담아듣고 집에 가서 그대로 시행하는 눈치였다. 젖도 물리고 욕조 속에서 엎치락뒤치락 데리고 논다고 했다. 영수의 표정이 조금씩 밝아지고 자기와의 관계도 다소 호전된 것 같다고 했다.

그러나 아빠는? 아빠에 대해서는 도통 알 길이 없었다. 매일 출근해야 하는 사람이긴 하지만 아직 한 번도 상담소에 모습을 나타낸 일이 없고 전화도 없었다. 영수 엄마도 아빠를 화제에 올리는 일이 거의 없었다.

나는 궁금해서 견딜 수가 없었다. 꼭 한번 영수 아빠를 만나 보고 싶었다. 그래서 아빠의 협조를 얻을 수만 있다면 영수가 급속도로 좋아질 것은 의심의 여지가 없는 일이었다. 하루는 영수 엄마에게 영수 아빠 직장의 전화번호를 묻고 '내가 한번 찾아가도 괜찮겠느냐'고 했다. 그녀는 괜찮다고 대답했다.

초가을 어느 날 나는 틈을 내어 영수 아빠의 직장으로 찾아갔다. 구내 다방에 앉아서 전화를 걸었더니 그는 마침 자리에 있었다.

"저는 영수하고 놀이방에서 인연을 맺고 있는 주정일입니다. 마침 이 근처에 볼 일이 있어서 온 김에 영수 아빠를 한번 만나 뵙고 싶어서 지금 구내 다방에 와 있습니다. 바쁘시겠지만 잠깐 시간 좀 내 주실 수 있는지요."

내가 미리 전화로 양해를 구하지 않은 것은 그에게 피할 틈을 주지 않기 위해서였다. 구내 다방까지 찾아온 사람을 바쁘다고 안 만나 준다면 나는 영수 아빠에 대한 희망을 포기할 수밖에 없는 것이다. 그러나 다행히 그는 전화를 끊고 바로 달려왔다.

영수 아빠의 첫인상은 평범했다.

"바쁘실 텐데 여기까지 찾아와 주셔서 감사합니다. 제가 먼저 찾아뵀어야 도리인데요."

그는 정중하게 인사를 건넸다.

"천만에요. 영수 아빠보다는 제가 좀 덜 바쁜 사람이니까 제가 와야지요. 아시겠지만 영수 문제는 좀 심각해요. 벌써 몇 달이 지났는데 아직도 말을 안 해요. 그렇지만 저는 절대 포기하지 않아요. 언젠가는 영수가 말을 하리라 믿고 놀아 주고 있어요. 그런데 역시 아빠의 협력이 좀 필요해요. 댁에서 영수하고 좀 놀아 주시는지요?"

"지금까지는 그렇게 못한 셈이지요. 아들 중에 하나도 성한 놈이 없으니 저의 실망이 이만저만이 아니었거든요. 사람이 모든 행복의 조건을 다 갖춘다 해도 자식 농사를 망치면 사는 보람이 없는 것 아닙니까. 저같이 불행한 놈이 또 있겠습니까. 아이들 생각만 하면 기가 죽어요."

"네. 그러실 거예요. 그런데 이 세상에 마음대로 안 되는 일이 어디

자식 일뿐인가요. 모든 일은 인과라고 받아들이는 편이 차라리 속이 편할지도 몰라요."

"사실 영수 문제는 제게 책임이 있습니다. 토순(언청이 입술)은 차치하고서라도 영수를 병원에 두고 온 저의 죄는 씻을 수가 없어요. 한 마디로 제가 죽일 놈입니다."

그는 고개를 푹 떨어뜨렸다.

"죄 없는 부모가 어디 있든가요. 저도 소아마비 딸을 하나 길렀는데 그 애가 그런 몹쓸 병에 걸린 것이 자꾸만 제 책임으로 여겨지고 뉘우쳐지는 점이 한두 가지가 아니에요."

### ▀▀▀ 그도 모진 아빠가 아니었다

그는 내 이야기에 귀가 번쩍 뜨이는 모양이었다. 내가 장애아의 엄마라는 사실에 놀라고, 자기만 불행한 사람이라고 생각하며 인생을 포기하고 있던 일이 부끄럽게 여겨진 듯했다. 나는 남을 도와 주는 위치에 있어서 자기와는 차원이 다르다고 생각했을지 모른다. 그런데 그 순간 우리 사이에 그런 거리감은 사라졌다. 그는 새삼 자세를 가다듬으며 앞날에 대한 생각을 말하기 시작했다.

"내년 봄엔 이사를 할까 해요. 아파트에서는 역시 한계가 느껴지더군요. 아이들이 한창 뛰어놀 나이인데 아파트에 가두어 두자니 마음이 편치 않아요. 우리 아이들은 동네 아이들과 쉽게 어울릴 수 있는 형편도 아니니까 저희들끼리라도 실컷 뛰어놀 뜰이 좀 있고 공기 좋은 곳으로 이사 가서 지낼 생각이에요. 영수는 말은 못 해도 다행히 그림 솜씨는 있어 보이니까 그림 공부 선생님을 모셔다 가르쳐서 김기창 씨 같은 화백으로 키워 볼까 하구요."

이 사람을 누가 무심한 아버지라 부를 것인가. 꽤 멀리까지 내다보고 아이들의 장래를 위해 구체적인 계획을 짜고 있지 않은가. 나는 그를 격려하고 자리에서 일어났다. 그는 자기가 먼저 나가서 계산을 하는 친절을 잊지 않았다. 우리는 다시 만날 기약 없이 헤어졌고 그 후 다시는 만나지 못했다.

영수 엄마 말에 의하면 그날 이후로 아빠가 변했다고 한다. 그렇게 무관심하던 아빠가 그날 이후 일요일이면 아이들을 데리고 산책도 가고 놀아도 준다는 것이다. 그가 새롭게 마음을 먹은 모양이다.

## "엄마도 좋고 아빠도 좋아요"

영수의 그림에 변화가 나타나기 시작했다. 그렇게도 집요하게 자기 모습만 그리던 영수가 겨울이 깊어 가는 어느 날 예쁜 엄마 얼굴을 그렸다. 엄마에 대해 각별한 느낌을 갖기 시작했다는 표현일까. 젖도 주고 목욕도 함께 해 주는 엄마의 달라진 모습이 마음에 든다는 뜻일까.

이런 일이 있은 지 얼마 후, 어느 날 영수는 아빠의 얼굴도 그리기 시작했다. 따로 그린 것이 아니라 한 장의 종이 위에 나란히 엄마와 아빠를 그렸다. 이날은 여느 때와 달리 종이를 가로로 놓고 한쪽에 엄마를 그리더니 그 옆에 아빠를 그린 것이다(그림 2 참조).

나는 환호성을 지르고 싶었지만 흥분을 가라앉히고 조용히 말했다.

"영수가 아빠를 그렸구나. 참 잘 그렸다."

그림 2

영수의 얼굴에도 만족스러운 표정이 스쳐 갔다.

이제 아빠도 마음에 든다는 이야기겠지. 엄마 그리고 엄마 옆에 나란히 그린 아빠를 한 쌍의 부부로 인정하는 동시에 자기 부모로 인정한다는 표현이겠지. 나는 눈가가 촉촉해짐을 느꼈다.

아, 이날이 오기를 내가 얼마나 기다렸던가. 8개월이 넘는 시간을 이 아이와 씨름하며(영수는 힘이 세고 나는 기운이 모자라서 이런 표현이 어울린다.) 한결같이 조건 없는 사랑을 퍼부었더니 그것이 밑거름이 되어, 드디어 한 장의 그림 위에 화답의 꽃이 피어난 것이다. 나는 합장하고 천지신명께 감사를 올렸다. 지금 이 글을 쓰고 있는 동안에도 감사와 감격의 눈물이 주르륵 흐른다.

지성이면 감천이라는 문구가 떠오른다. '한 송이 국화꽃을 피우기 위해……'라는 서정주 선생의 시구도 스쳐 간다. 아이 하나를 사랑으로 키우는 일이 그 얼마나 엄숙하고 고된 과업인가를 생각하게 된다. 하물며 잘못 기른 아이를 다시 올바르게 키워 나가는 일은 그보다 얼마나 힘든 일인가도 곱씹어 보게 된다.

지나간 일이지만 내 딸이 생후 17개월에 소아마비에 걸려서 고개도 못 가누고 걷지도 못하게 되었을 때의 비탄과 '그 아이를 꼭 다시 걷게 하고야 말겠다.'는 굳은 의지 하나로 사방팔방 업고 돌아다니며 겪었던 나의 시련들이 엊그제 일처럼 스쳐 지나간다.

그때 어떤 의사는 "이 아이는 우리네 상식으로 못 걷습니다."라고 매몰차게 이야기했지만 어떤 한의사는 "됩니다. 조금 늦게 오셨지만 희망이 있습니다. 제가 최선을 다할 테니 제게 맡겨 보세요." 하고 희망을 주었다. 이 얼마나 따뜻하고 고마운 말인가. 남의 일을 내 일같이 생각하는 사람들 사이에서라면 인생은 살 만한 것이 아니던가.

그 한의사는 침술로 우리 아이를 걷게 했고 또 다른 한의사는 뜸과 침으로 상태를 호전시켰다. 그분들의 은혜를 나는 잊을 수가 없다. 그분들 덕분에 내 딸은 불편한 다리지만 학교에 다닐 수 있게 되었고 대학을 졸업한 뒤에 유학도 갔다 왔다. 지금은 어엿한 대학 교수로 학생들 지도에 여념이 없다. 운전면허를 취득한 후로는 생활에 전혀 지장을 못 느끼고 있으니 이제 내 딸을 장애인으로 보는 사람은 아무도 없다. 본인도 그런 생각에서 벗어난 지 오래고 나도 그렇다.

사람은 희망을 가져야 산다. 아무리 어려운 시련에 부딪혀도 희망을 버려서는 안 된다. 본인이 좌절하면 옆에서 부추기고 격려해서라도 스스로 희망을 갖게 해야 한다. 상담원이 해야 할 일이 그런 일이다. 나는 처음 만나는 내담자에게 결코 실망스런 말을 하지 않는다. "할 수 있는 데까지 해 보자."고 한다. 상대방이 이 말에 의지해서 용기를 내고 함께 노력한다면 반드시 좋은 결과가 나타나게 마련이다. 물론 증세 자체가 우리 상담 센터에 해당이 안 될 때에는 다른 기관을 소개해 주며 보내는 경우도 있지만 결코 차가운 반응은 보이지 않는다.

### ▰▰▰ 드디어 '아빠'를 부르다

영수가 아빠 그림을 그리고 간 다음날 아침에 영수네 집에서는 기적이 일어났다. 영수가 일어나자마자 큰소리로 "아빠" 하고 소리를 지른 것이다. 영수 본인은 얼마나 시원했을까. 막혔던 관이 뚫린 것이다. 영수 엄마는 자기의 귀를 의심하면서 아들을 부둥켜안았다. 안타깝게도 아빠는 그때 화장실에 가고 없었다. 드디어 영수의 말문이 트인 것이다. '엄마' 소리 외에는 아무 말도 안 하던 영수가 처음으로 아빠를 부른 것이다.

영수는 왜 그렇게 긴 세월 입을 다물고 침묵하며 지냈을까. 과연 그는 말을 못 한 것일까. 안 한 것일까. 영수 엄마 말에 의하면 아빠라는 발음은 너무나 정확했고 활기에 차 있었다고 한다. 아빠에 대한 섭섭함과 증오심이 뭉치고 뭉쳐서 그의 말문을 막고 있었던 것일까. 그러다가 그즈음 아빠의 변한 태도에 영수의 마음이 봄볕에 눈 녹듯 녹아서 마침내 아빠를 용서할 마음이 생기고, 그 마음을 그림으로 표현한 것일까. 그렇게 아빠를 그리고 나니 아빠를 불러 보고 싶어진 것이 아닐까.

이날부터는 터진 물꼬로 물이 흐르듯이 영수의 입에서 여러 가지 단어가 날마다 쏟아져 나왔다. 물, 밥, 우유, 빵, 과자 등의 단어가 뒤따랐고 이미 알고 있던 단어가 많았는지 가르치지 않아도 차츰 두 마디, 세 마디씩 그냥 자연스럽게 술술 말했다. 하기야 그동안 영수는 이미 많은 말을 알아들으며 행동으로 보여 주었다.

### ▰▰▰ 아기에게도 설명해 주자

태아를 연구하는 학자들은 말한다. 태중의 아기도 3~4개월경부터는 엄마의 심장 고동 소리, 뱃속에서 꾸르륵대는 소리, 말소리, 기침 소리 등을 듣기 시작한다고 말이다. 조금 더 지나면 엄마의 몸 밖에서 나는 소리도 듣는다. 문 닫는 소리, 이야기 소리, 텔레비전 소리, 음악 소리, 기계 돌아가는 소리 등을 모두 듣게 된다.

영수가 아빠 그림을 그리고 간 다음날 아침에 영수네 집에서는 기적이 일어났다.

영수가 일어나자마자 큰소리로 "아빠" 하고 소리를 지른 것이다.

영수 본인은 얼마나 시원했을까. 막혔던 관이 뚫린 것이다.

영수 엄마는 자기의 귀를 의심하면서 아들을 부둥켜안았다.

영수는 왜 그렇게 긴 세월 입을 다물고 침묵하며 지냈을까.

과연 그는 말을 못 한 것일까, 안 한 것일까.

이날부터는 터진 물꼬로 물이 흐르듯이

영수의 입에서 여러 가지 단어가 날마다 쏟아져 나왔다.

그중에서도 사람들의 싸우는 소리에는 유난히 민감하게 반응하여 태동을 일으킨다. 그 소리가 귀에 거슬리기도 하지만, 싸우는 엄마의 부신에서 아드레날린이 분비되어 엄마 자신이 흥분하고 불쾌해할 때 이것이 아기에게 전달되기 때문이다. 그래서 태교를 중요시하는 것이다. 만일 뱃속에 있을 때 선반 깎는 소리나 총 소리 같은 매우 불쾌한 소리를 들어서 깜짝 놀란 경험이 있는 아기는 태어난 뒤에도 그와 같은 소리를 들으면 다른 아기보다 더 민감하게 반응하며 운다고 한다.

우리 상담 센터에 찾아온 한 아이는 선반 깎는 공장에서 태아기를 지냈는데 태어난 뒤에도 기계 소리만 들으면 불쾌해했다. 엄마가 믹서를 돌리면 하지 말라고 하면서 멀리 도망간다고 한다. 나는 그 엄마에게 이렇게 조언한 일이 있다.

"믹서를 사용하기 전에 아이에게 설명해 주세요. '엄마가 너에게 맛있는 것을 만들어 주기 위해서 이 기계를 써야 하는데 어디 우리 함께 버튼을 눌러 볼까' 하며 마음의 준비를 시키고, 아이 손을 함께 붙잡고 버튼을 누르되 가장 약한 버튼을 선택해서 해 보세요."

그대로 해 보니까 과연 효과가 있었다고 한다. 어른이나 아이나 미리 설명을 해 주어서 일의 전후 사정을 알게 한 뒤에 동참하게 하면 어떤 일이든 간에 그렇게 거부 반응을 보이지 않는다.

'아기는 태어나면서부터 듣는 모든 낱말을 자연스럽게 흡수한다.'고 언어학자들은 말한다. 그중에도 20회 이상 들은 낱말은 뇌리에 새겨져 언어 은행에 저장된다고 한다. 말할 준비가 되면 이 언어 은행에서 하나 둘씩 꺼내 쓰게 된다. 많이 들어 본 낱말일수록 쉽게 꺼내 쓸 수 있는 것은 당연한 이치다. 누구든지 언어 은행에 들어 있는 낱말의 수가 그가 구사할 수 있는 낱말의 수보다 훨씬 더 많다.

영수의 경우에도 언어 은행에 들어 있던 낱말들이, 말문이 열림과 동시에 쏟아져 나오기 시작한 것이다. 6년이나 저축한 낱말들이니 그 수가 적을 리 없다. 영수는 필요를 느낄 때마다 그 언어 은행에서 적절한 낱말을 골라 썼을 것이다. 그러나 놀이방에서보다는 가정에서 더 **활발하게** 말을 하는 모양이었다. 바깥 사회보다는 자신의 집이 더

친숙함을 느낄 수 있는 곳이었겠지. 게다가 이젠 아빠, 엄마가 따뜻하게 대해 주니 왜 안 그렇겠는가.

하루는 놀이를 끝내고 복도로 나간 영수가 기다리던 엄마에게 "엄마, 우동 가자."라고 말하는 것을 들었다. 완전한 문장은 아니었지만 그래도 구문을 만들어 말한 셈이다. 이렇게 영수는 점차 문장으로 이야기하게 되었다. 의외로 발음도 괜찮았다.

그럼에도 불구하고 먹을 것을 찾아 돌아다니는 영수의 버릇은 좀처럼 고쳐지지 않았다. 프로이트는 첫해에 엄마 품에서 젖 빠는 만족감을 충분히 느끼지 못한 아기, 또는 젖 떼는 방법이 충격적이었던 아기는 커서도 두고두고 입을 통한 만족을 추구하게 된다고 했다. 예를 들면 술 담배를 심하게 한다든지, 미식가가 된다든지, 계속 무언가를 먹거나 껌을 많이 씹는다든지, 심지어는 다른 사람에 관한 이야기를 많이 하면서라도 입을 놀린다는 것이다.

## "다른 놀이도 재미있어요"

날이 갈수록 영수의 놀이는 다양해졌다. 그림도 인물화 말고도 자동차, 기차, 나무, 버스, 우유병, 청진기에 이르기까지 매우 다양하게 그렸다. 그러나 배꼽과 고추가 있는 자화상은 꾸준히 이어졌다.

청진기를 그리고 가위로 오려서 그것을 자기 가슴에 대 보기도 하고 내게 그 청진기로 자기를 진찰해 달라고 부탁하기도 했다. 때로는 자기 발을 도화지 위에 올려 놓고 발의 윤곽을 그리고 나서 발을 치우고는 색칠하기도 했다.

엄마가 영수를 욕조에서 데리고 논 다음부터는 놀이방에서 목욕 놀이를 자주 했다. 즐거웠던 그 경험을 재연하는 것 같았다. 또는 '엄마가 저를 이렇게 데리고 놀아요.' 라고 내게 말하는 것도 같았다. 처음에는 엄마 인형과 아기 인형 둘만 욕조에 넣고 놀더니 차츰 엄마, 아빠, 아기 둘을 함께 넣으려고 했다. 그러나 인형들을 하나씩 씻길 때는 주로 아빠를 많이 씻겼는데 이는 아빠와 마음으로 화해하고 난 뒤의 일이다.

영수는 놀이방에서 발가벗기를 좋아했다. 목욕할 생각으로 그러는 것이었다. 그러나 놀이방의 욕조는 작아서 발 하나밖에 넣을 수가 없었다. 나는 욕조 바닥에 약간의 물을 부어 발바닥이라도 젖게 해서 목욕하는 기분이라도 내게끔 도와 주었다. 그러면 영수는 낄낄대며 좋아했고 오른발과 왼발을 번갈아 넣으며 목욕하는 기분을 내고는 발을 꺼내 수건으로 닦았다.

이 일이 끝나도 영수는 좀처럼 옷을 입으려 하지 않고 계속 발가벗은 채로 방안을 뛰어다니면서 돌아다니기를 좋아했다. 추우니까 옷 입자고 아무리 달래도 말을 안 들어 하는 수 없이 영수 엄마를 불러들여서 둘이서 붙잡고 간신히 옷을 입히곤 했다. 영수는 정말 특별한 행동을 하는 전무후무한 케이스였다.

### ▰▰▰ 한 번 정도는 치료 공간을 벗어나도 좋다

영수가 어느 따뜻한 봄날 창밖을 내다보더니 나가자며 내 손을 끌었다. 나는 망설이지 않고 영수를 데리고 나갔다. 영수가 이끄는 대로 따라가 보니 작은 연못 속이었다. 연못은 물이 빠진 상태여서 시멘트 바닥이 드러나 있었다. 주변에는 여러 가지 나무도 있어서 매우 아름다웠다. 물만 있다면 금상첨화겠다는 느낌이 들었다. 영수는 말 없이 다시 유아원 안으로 들어가더니 주방에 가서 물을 한 바가지를 떠다가 연못에 부었다. 그러나 그 물로는 바닥도 적실 수 없었다. 영수는 안 되겠다는 생각이 들었는지 그만 체념하는 눈치였다.
나는 영수를 데리고 유아원 놀이터로 갔다. 그곳의 큰 그네에 둘이 마주앉아 한참을 타고서 안으로 들어왔다.

놀이치료를 방 안에서만 해야 한다는 철칙은 없다. 치료자와 아이 사이의 관계를 돈독하게 하기 위해 처음에는 좁은 공간이 더 효과적이다. 그러나 돈독한 관계가 형성된 뒤에는 다소 융통성을 갖는 것도 괜찮다. 대개의 경우, 갈 만한 곳도 없고 남에게 피해를 주지 않기 위해서 지정된 좁은 방 안으로 국한시킬 수밖에 없는 것이 현실이긴 하지만 말이다.

아이들은 선생님이 놀이방에만 계시는 분이라는 인상을 받으면 밖에서 만났을 때, 이상하게 행동하는 경우가 많다. 한 번은 영수를 우연히 동숭동 거리에서 만났다. 엄마와 두 형제는 점심을 먹고 나오는 길이었다. 나는 반가워서 "영수야." 하고 부르며 다가갔는데 영수는 본체만체했다. 상담중이던 다른 아이 역시 백화점에서 만난 적이 있었는데 그 애도 나를 보자마자 엄마 뒤로 숨으며 어색해했다.

놀이방에서 보이던 반응과는 영 딴판이다. 대체로 자폐 증상이 있는 아이들은 상황의 변화에 대해 거부 반응을 잘 일으킨다. 물건도 놓여 있던 곳에 있는 것을 좋아하고, 사람도 못 보던 사람은 두려워하며,

길도 다니던 길로만 가려는 경향이 있다. 따라서 이사나 전학을 가면 상황이 너무 크게 바뀌어서 적응하기 힘들어한다.

그러니 이렇듯 아이가 능동적으로 나를 이끌고 밖으로 나갔던 경우는 예외적인 상황이다. 방안에서의 분위기가 그대로 이어졌다. 『딥스』의 마지막 부분에도 딥스가 A선생님과 함께 종소리가 들리는 교회로 갔다가 오는 대목이 있다. 이와 같이 상담실 내의 분위기가 자연스럽게 밖으로 이어지는 것은 매우 바람직한 일이고 사회 적응에도 도움이 된다.

가능하면 한 케이스를 끝내기 전에 혹은 끝낸 후에, 밖에서 혹은 아이의 집에서 한번쯤은 아이와 만나는 일을 권하고 싶다. 부모가 원해야 실행 가능한 일이기 때문에 생각보다는 잘 이루어지지 않는다. 그러나 상담이 끝나도 상담자가 전화로 아이의 근황을 물어 보는 일은 자주 있는 편이다.

### 영수와 이별할 시간이 왔다

영수의 놀이치료도 끝날 날이 다가오고 있었다. 좀더 다니면 사회적 응력을 기르는 데 도움이 되겠지만 그의 부모가 이사할 계획이어서 놀이방에 다니기가 힘든 상황이었다.

때마침 우리 상담소에도 변화가 생겼다. 내가 유아원 원장직을 사퇴하게 되어서 유아원 교실을 오후에 활용하는 일이 불가능해졌다. 놀이방을 따로 하나 꾸밀 수밖에 없었다. 그래서 유아원 교실 바로 옆에 있는 방을 하나 얻어서 아주 아담하고 예쁘게 놀이방을 꾸몄다. 그 방은 상담원들 마음에 꼭 드는 놀이방이 되었다.

그러나 영수는 그 방이 별로 마음에 들지 않는 모양이었다. 영수가 왔을 때 그 방으로 데리고 갔더니 영수는 들어가기를 꺼려하며 돌아서서 엄마에게로 뛰어갔다. 정든 방, 낯익은 방이 아니라서 그랬을 것이다. 우리에게는 영수의 마음을 돌이킬 방법이 없었고 어차피 영수네의 이사 날짜도 임박해서 얼마 뒤에는 치료를 끝내야 했기에 체념하기가 차라리 쉬웠다.

영수가 떠나가기 싫어서 아쉬워하는 모습을 가슴 아프게 지켜보는 것보다는 오히려 이쪽이 낫겠다는 생각도 들었다. 영수가 엄마 손을 잡아끌며 가자고 보채는 바람에 인사도 제대로 못 하고 헤어지게 되었다. 영수는 이렇게 내게서 정을 떼고 가 버렸다.

그 후에도 나는 몇 달에 한 번씩 영수 엄마에게 전화를 걸어서 영수의 근황을 물어 보곤 했다. '영수가 다음해 초등학교에 입학했고 ○○재활원 언어 치료실에도 다닌다'는 소식을 들은 것을 끝으로 우리의 교류는 일단 끊어지고 말았다.

## 닫는 이야기

나는 대학원 시절에 미국의 어느 병원 부설 영아원에서 며칠간 육아 실습을 한 적이 있다. 그곳에서는 수십 명의 아기들을 보육하고 있었는데 일요일만 되면 간호사가 아침 일찍부터 아기들을 목욕시키고 예쁜 옷을 입혀서 단장해 놓곤 했다. 열 시가 되면 아기를 입양하고 싶어하는 부모들이 몰려와서 아기를 선보고 그 중에서 가장 마음에 드는 아기를 선택해서 입양을 신청하는 것이다. 물론 그날 바로 데려가는 것은 아니고 일정한 수속 절차를 밟아야 하는데 이곳에서 나는 평생 잊을 수 없는 기현상을 발견했다.

수유 시간이 되면 아기의 수만큼 우유병이 방으로 배달된다. 병마다 아기 이름이 쓰여 있는데 이것은 아기마다 나이와 몸무게가 달라 거기에 맞춰 개별적으로 처방된 우유가 주어지기 때문이다. 어떤 병에는 이유식이 혼합되어 있기도 할 것이다. 제 손으로 우유병을 들고 빨 수 있는 아기에게는 우유병만 건네 주고, 너무 어린 아기는 간호사와 실습생이 품에 안고서 우유를 먹인다.

누군가의 품에 안겨 우유를 먹는 아기는 그나마 행복한 처지다. 저 혼자 누워 제 손으로 우유병을 붙잡고 우유를 빨아 먹은 아기는 먹고 나서 예외 없이 빈 우유병을 바닥에 던지곤 했다. 침대 난간 아래로 던져진 우유병들은 여기서 '탕' 저기서 '탕' 계속 소리를 내며 바닥에 떨어지고 간호사들은 이 병을 주워 가지고 갔다. 당시에는 그러한 행동의 의미를 잘 몰랐지만 이상하게도 마음에 걸렸다. 결국 오래도록 내 화두가 되어 가끔씩 그 상황들을 머릿속에 떠올려 보곤 했다. 심리학을 더 배우고 내 아이도 길러 보고 나서야 비로소 그 의미를 알게 되었다.

아기는 배가 고프니까 우유를 빨아먹기는 하지만 만족을 못 느끼는 것이다. 양이 적어서 불만인 것이 아니라 먹는 방법이 불만스러운 것이다. '이게 어디 사람 대접이오.' 하고 항의하듯 먹고 난 빈 병을 바닥에 던지면서 화를 푸는 것이다.

영아원에서 체중이 계속 줄어드는 아기는 '매라즈마스 Marasmas'라는 병에 걸린 아기다. 이런 아기에게는 당번이 정해져서 매번 누군가가 아기를 안고 우유를 먹이게 되어 있다. 이렇게 며칠 계속하면 아기의 설사가 멎고 한 보름 이내에 살이 오르기 시작한다. 약으로 치료하는 것이 아니라 사람의 품으로 치료하는 것이다. 일손이 모자라서 미처 돌보지 못한 아기는 점점 기운을 잃고 시들시들 앓다가 죽게 된다. 그래서 학생들을 불러다가 실습 겸 아기들을 좀 돌보게 하는 것인데 방학이 되면 이 일도 여의치 않다.

이런 이야기를 왜 장황하게 늘어놓는가 하면 영수의 이야기와 무관하지 않고 일맥 상통하는 바가 있기 때문이다. 결국 나는 노파심에서 이런 저런 이야기를 모두 한 줄에 엮어서 젊은 엄마들에게 젖 먹이는 일의 중요성을 재삼 강조하고 있는 것이다.

### ■■■ 아기는 젖을 먹으며 신뢰와 자제를 배운다

배고플 때마다 엄마 품에 안겨서 따뜻하고 달콤한 엄마 젖을 배부르게 먹고 자란 아기는 인생을 긍정적으로 받아들이는 바탕을 쌓아 가게 된다. 두 달쯤 지나면 두 눈을 크게 뜨고 엄마 얼굴을 뚫어져라 쳐다보며 젖을 빨기도 하고, 엄마가 미소 지으면 저도 좋아서 젖을 놓고 입을 헤 벌리고 방긋 웃기도 한다.

이렇게 사랑으로 눈과 눈이 마주쳐 본 경험이 있는 아이는 절대로 자폐증에 걸리지 않으리라고 나는 믿는다. 엄마와의 이러한 경험이 쌓이면 신뢰감은 자연스럽게 형성되고 후일 다른 사람들과도 좋은 관계를 형성하며 살아갈 가능성이 높다. 이것이 바로 정서적 안정감을 기르는 첩경이며 요즈음 교육계의 이목을 끌고 있는 정서 지능 EQ의 기초를 닦는 일이기도 하다.

정서 지능이 높은 사람은 공감 능력과 자제 능력이 뛰어나다고 하는데, 공감 능력은 엄마와 눈을 맞추면서부터 길러지기 시작한다. '어려서 젖 먹은 힘을 다 쓴다.'는 말도 있지만 달콤한 젖을 배불리 먹기 위해서 아기는 전력투구를 다하는 것이다. 그러는 사이에 자기도 모르게 저력이 길러지고 후일의 교육과 더불어 자제 능력도 함양된다. 우유 젖꼭지는 삶을수록 늘어나고 구멍이 헐거워져서 힘을 들이지 않아도 빨아지는 폐단이 있다. 우유의 온도도 일정하지 않아서 배가 고프니까 어쩔 수 없이 먹지만 따뜻하지 않은 것을 자꾸 먹이면 화가 나는 모양이다.

이런 경험이 아기에게 자꾸 쌓이면 신뢰감이나 자제 능력은 기대하기 힘들어진다. 항상 허전함을 느끼고 위축되고 공격적인 성향의 사람이 되기가 쉽다. 이런 사람은 행동에서 중용을 취하기가 힘들어 넘치거나 모자라기가 쉽다.

따라서 한 나라에 젖을 먹이는 엄마가 많을수록 그 나라 국력이 강해짐은 의심의 여지가 없다. 요즘 엄마들에게 이런 소리를 들려 주면

웃을지 모르겠지만, 전쟁터에서 맨 먼저 적군에게 등을 돌리는 무리가 젖을 못 먹고 자란 사람들이라는 이야기도 있다. 그들은 싸워서 이길 자신이 없는 것이다. 무역 경쟁이나 운동 경기에 있어서도 마찬가지다. 젖을 먹고 자란 사람들이 더 많은 지구력과 저력을 발휘할 것이라는 점은 상식만으로도 짐작하기 어렵지 않다. 모유가 국력을 기른다고 한다면 지나친 말일까.

엄마가 산후에 아기에게 충분히 젖을 먹여서 정서적 안정감을 길러 준 후에 직장에 복귀하도록 하는 육아 휴직제는 산업 사회에 절대로 필요한 복지 제도다. 현재 공사립학교 교사들에겐 육아 휴직 기간이 보장돼 있다. 따라서 복직하기 전에 아기에게 젖을 충분히 먹이고 대소변 가리는 훈련까지 시켜 놓을 수 있다. 그러나 다른 직종에서는 아직 충분한 휴직 제도가 정착되지 못한 상황이다. 앞으로의 여성 정책이 마땅히 눈을 돌려야 할 대목이라고 나는 생각한다.

언젠가 어떤 사람이 내게 정색을 하고 이렇게 물은 적이 있었다.

"주 선생님 댁에 며느리로 들어올 사람은 어떤 조건을 갖추어야 하나요?"

까다로운 조건을 기대하는 듯했다. 그러나 내 대답은 소박했다.

"아기를 낳아 품에 안고 젖을 먹일 수 있는 여자면 돼요."

상대방은 나의 대답이 너무도 단순해 의외라는 표정을 지었지만 나는 젖 먹이는 일이 엄마 자격의 첫째 조건이라고 굳게 믿는 사람이다. 다행히 우리 집 며느리들은 나의 이 소박한 기대를 충족시켜 주었다.

# 부록

## 액슬린 Axline의 놀이치료법
허용되고 수용되고 존중받는 일

## 에릭슨 Erikson의 8단계설
인성은 일정한 단계를 통해서 발달한다

## 액슬린Axline의 놀이치료법

우리 나라에서 액슬린Virginia M. Axline을 아는 사람은 『딥스』를 읽은 사람일 것이라고 생각해도 좋을 만큼 액슬린과 『딥스』는 동일시되는 존재다. 『딥스』는 놀이치료의 대명사라고 할 수 있을 것이다.
내가 『딥스』를 처음 읽은 것은 1965년 미국에 1년 동안 가 있을 때였다. 이원영 교수의 권유로 이 책을 함께 번역해서 세상에 선보인 것이 1976년인데 그 후 30년이 넘게 꾸준히 읽혀지고 있을 뿐 아니라, 해를 거듭할수록 인쇄 부수가 늘어나고 있으니 놀랍기 그지없다.
처음에는 대학생들 사이에서만 과제 때문에 읽히는 책이었는데 어느덧 젊은 엄마들과 수녀들 사이에서 인기를 얻더니 이제는 아빠들까지도 읽는 책이 되었다. 이런 사실은 『딥스』가 많은 사람들에게 감동을 주는 좋은 책이라는 것을 조용하게 증명한다.

"놀이치료가 뭐냐?"고 누가 물으면 나는 서슴없이 "『딥스』를 읽으면 알게 된다."고 말해 왔다. 짧은 말로 설명해서는 쉽게 이해하기 어려운 새로운 개념이었기 때문이다. 이 말은 놀이치료에 대해 전혀 알지 못하는 사람들을 위한 조언이었고, 이미 『딥스』를 읽고 그보다 전문적인 식견을 얻으려는 분들을 위해 오늘은 액슬린 식 놀이치료의 역사와 이론을 좀더 체계적으로 소개할까 한다.

## 놀이치료법 발달의 역사

액슬린은 아이를 위한 심리 치료 방법의 하나로 놀이치료법을 도입하여 그 분야에서는 금자탑을 세운 인물임에 틀림없지만, 뿌리 없는 나무가 없듯이 그에게도 뿌리 역할을 해 준 선배들이 있었다.

그의 가장 직접적인 스승은 '비지시적 상담非指示的 相談'의 아버지로 불리는 로저스Carl Ranson Rogers 박사였다. 시카고 대학교에서 상

● C. R. Rogers, 의『Client-centered Therapy』a, Boston: Houghton Mufflin, 1951

담 심리학을 강의하던 로저스 박사가 '상담 과정은 치료자가 이끌어 가는 것이 아니라 원칙적으로 내담자가 자기 문제를 해결해 나가도록 곁에서 도와 주는 것이 상담자의 역할'임을 강조하며 『내담자 중심의 상담』 이론을 펴낸 것이 1951년의 일이다.

그의 이론은 치료자가 절대로 내담자를 통제하거나 지시하지 않고, 내담자 스스로 자신의 정서 문제를 해결할 수 있도록 기회를 제공하며, 내담자와 치료자가 그러한 관계를 형성하는 데 초점을 두고 있다. 즉 내담자의 자립 능력을 전적으로 신뢰한 상태에서 상담을 시작하는 것이다.

이때 연령이나 학력은 문제 삼지 않는다. 이는 불교 정신과도 일맥상통한다고 볼 수 있는데, 불교에서는 누구든 자신에게 내재해 있는 불성을 중시하고 갈고 닦으면 성불할 수 있다고 믿기 때문이다. 로저스 역시 사람은 누구든지 치료자의 도움으로 자아를 회복할 수 있는 근본 능력을 갖고 있다고 믿었다. 그리고 누구든지 미성숙한 행동보다는 성숙한 행동을 더 만족스럽게 여기는 자기 안의 성장 충동을 갖고 있다는 가정 아래서 치료를 시작했다.

그가 아낀 제자 가운데 한 사람인 액슬린이 스승의 이론을 아동에게 적용하여 내담자 중심의 놀이치료를 이론화한 것은 1947년 그의 저서 『놀이치료』*를 통해서였다. 이 책의 첫머리에 로저스 박사가 추천사를 써 준 것은 액슬린에게는 영광이었다. 이 책은 1969년에 증보판이 나왔고 1986년 숙명여대 아동복지학과 서영숙 교수가 번역해서 『놀이를 통한 아동 심리 치료』**라는 제목으로 우리 나라에 소개되었다.

거슬러 올라가서 놀이치료의 가능성을 시사한 학자를 살펴보면 프로이트***를 들 수 있다. 그가 한스Hans라는 소년을, 그의 아버지를 통해 간접 치료한 일을 놀이치료라고 말하기는 힘들다. 그러나 그는 아이의 마음속에 좌절과 갈등이 쌓일 수 있음을 인정하고 아이를 바라보는 어른들의 시각에 획기적인 선을 그었다고 할 수 있다. 왜냐하면 그 전까지는 좀 이상한 행동을 하는 아이는 악령이나 마귀가 씌어서 그런 것으로 간주돼 학대받기가 일쑤였기 때문이다.

* V. M. Axline, 『Play Therapy』, NewYork: Ballantine, 1947
* 액슬린 지음, 『놀이를 통한 아동 심리 치료』, 서영숙 역, 학문사, 1986
** S. Freud, 『Analysis of a Phobia in a Five-year-old boy』, In Standard Edition, Vol.10, London: Hogarth.1955

그 후 헬무트\*는 처음으로 놀이 상황을 아이의 정신 치료를 위해 도입했고, 안나 프로이트Anna Freud는 아이들은 어른들처럼 자유 연상법을 따라하지 못하기 때문에 환상이 표출되도록 놀이의 기회를 주어야 한다고 찬성의 이유를 밝혔다. 그들은 이런 놀이 상황이 아이를 관찰하고 진찰하는 데 도움을 주고 또 아동과 치료자 사이에 친밀감을 형성시킨다고 믿었다.

일보 전진하여 클라인\*\*은 놀이를 활용하면 친밀감을 형성시키는 정도에 그치는 것이 아니라 언어적 표현을 완전히 대체할 수 있다고 주장하였다. 클라인은 놀이야말로 아이들의 자연적인 표현 매체라고 믿었다. 왜냐하면 아이의 언어 발달은 도저히 그들의 정서적 경험을 표현할 정도의 수준이 되지 못하기 때문이라는 것이다. 클라인은 더 나아가 정상적인 아이도 놀이 상황을 경험하게 되면 도움이 된다고 주장했다.

그 후 레비\*\*\*는 '해소 요법Release Therapy'을 도입했는데, 이 치료법은 프로이트의 '반복적 충동'에 근거를 둔 것이었다. 사람은 누구

---

• H. Hug-Hellmuth, 『On the Technique of Child-analysis』, International Journal of Psychoanalysis, p.2, 287~305

•• M. Klein, 『The Psychoanalysis of Children』, London: Hogarth, 1932

••• D. Levy, 『Release Therapy, American Journal of Orthopsychiatry』, pp.9, 713~736, 1939

나 과거의 비참한 경험을 다시 한 번 반복해 보려는 충동을 갖고 있다는 것이다. 과거의 비참했던 경험을 놀이로 재생시켜서 반복하는 동안에 부정적인 감정이 해소되고 긍정적인 감정으로 돌아올 수 있다는 것이다. 물론 옆에서 공감하며 도와 주는 상담자가 있을 경우에 가능한 일이다. 레비는 비참한 경험의 재생을 도울 만한 놀잇감을 마련해 줌으로써 잠재돼 있던 정서를 발산할 수 있는 기회를 제공했다. 같은 해에 솔로몬* 역시 '적극적 놀이치료법Active Play Therapy'을 시도했는데 그는 적극적이고 능동적인 의미의 놀이치료를 강조했다. 아이들은 굳이 과거의 경험을 재생하지 않더라도 놀면서 자연스럽게 자기의 분노와 공포를 발산시킬 수 있다는 것이다. 놀이방에서 치료자와 상호 작용을 하는 동안 아이는 아주 자연스럽게 부정적으로 사용할 수 있는 에너지를 건설적으로 바꾸어 사용하는 방법을 터득하게 된다는 것이다.

내가 현재 치료중인 한 사례를 예로 들면 네 살 남자아이 박○○은 지금까지 몇 번이나 인형 집의 세간을 부수어 엎고 인형들을 집 밖으

● J. Solomon 의 「Active Play Therapy, American Journal of Orthopsychiatry」, p.8, 479~498, 1938

로 던져 버렸다. 그런데 어느 날 살펴보니 인형들을 소파에 둘러앉혀 놓고 밀가루 반죽으로 음식을 만들고 그릇에 담아 대접하며 파티 놀이를 하고 있었다. 이것은 이 아이의 내면 세계가 변화했음을 확실하게 보여 주는 장면이다. 놀이방에서는 자기 마음대로 행동해도 된다는 자신감이 생겼을 때 비로소 인형 집을 뒤엎을 용기가 생긴 것이다. 내재되어 있던 울분을 쏟아 버릴 기회를 충분히 가진 뒤에야 이런 변화를 일으킨 것이다.

### 인성 구조론

솔로몬에 이어 등장한 인물이 바로 액슬린이다. 액슬린 놀이치료법의 배경이 되는 이론에 인성 구조론이 있다. 즉 각 개인의 내부에는 완전한 자아 실현을 위해 끊임없이 노력하려는 강력한 힘이 있는데 이 힘은 성숙, 독립, 자아실현의 욕구다.

이 몰아치는 욕구에 힘입어 바람직한 인성 구조의 소유자로 발달하게 되는데, 여기에는 '성장 기반'이 필요하다. 그 성장 기반의 필연적인 조건을 액슬린은 '허용되고 수용되고 존중받는 일'이라고 하였다. 개인의 경험은 그 사람의 태도, 성격, 감정을 구성하는 데 부단히 개입하고 상호 교환하며 여러 경우에 각기 다른 비중으로 그 중요성을 발휘한다. 액슬린은 이 과정을 만화경 속에 비치는 갖가지 형상에 비유했다.

마치 만화경이 조금만 움직여도 그 모양들이 흩어지고 재구성되어 새로운 모양으로 나타나듯이, 사람의 경험도 서로 유기적 관계를 갖고 끊임없이 모양을 변화시키며 재구성된다는 것이다. 개인은 경험을 통해서 지각한 모든 요소를 통합시켜서 자기 자신의 독특한 형상으로 엮어 가게 된다. 이것을 바로 '인성'이라고 한다.

그런데 인성은 일정한 단계를 통해서 발달한다는 것이 학자들의 일반적인 견해다. 에릭슨*은 인간의 사회 심리적 발달을 8단계로 나누어 설명한 바 있고, 메슬로 Abraham Maslow는 인간의 동기 발달을 5단계로 나누어 설명한 바 있다.**(표 1, 2 참조)

* E. Erickson, 『Childhood and Society』, New York: Norton, 1950
** 힐가드, 앳킷슨 공저, 이훈구 역, 『현대 심리학』, p261, 1983

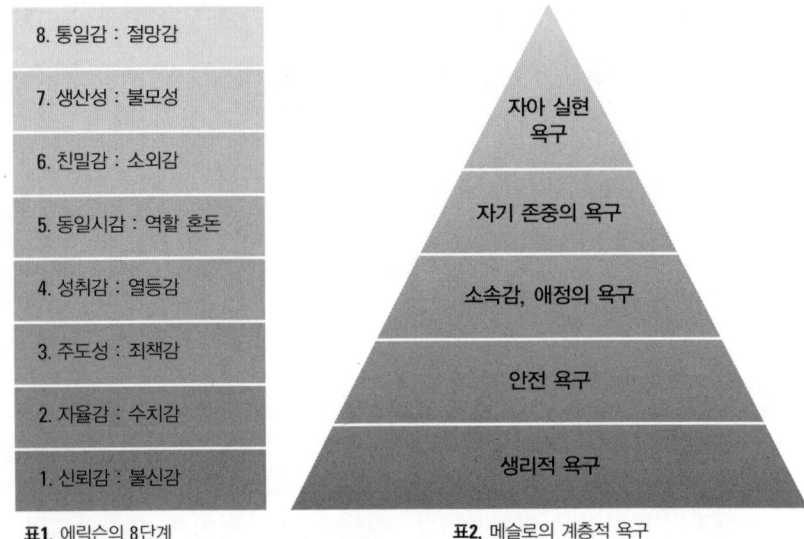

표1. 에릭슨의 8단계    표2. 메슬로의 계층적 욕구

사실은 에릭슨의 여덟 번째 단계와 메슬로의 다섯 번째 단계는 같은 경지라고 볼 수 있다. 에릭슨의 단계가 연령적 구분인 데 반해 메슬로의 단계는 기능적 구분의 성격을 띠고 있는 점이 다를 뿐이다.

액슬린이 주장하는 성장 기반 요건은 메슬로의 3~4단계에 해당한다. 에릭슨과 메슬로가 공공연히 주장하듯이 단계적 욕구 중 어느 것

하나라도 심하게 결핍되면 그 사람은 정서적 장애를 경험하게 되고, 그 갈등을 해소하려는 무의식적 노력 때문에 그 다음 단계에 대한 욕망이 일어나기 어렵게 된다. 치료에 의해 이 결핍이 보충되고 갈등이 해소되면 다음 단계에 대한 욕망이 자연스럽게 일어나므로 궁극적으로는 자아실현이 가능해진다.

과거 5년 동안 원광 아동 상담소를 찾아온 아이들은 대부분 메슬로 1~2단계의 욕구는 어느 정도 충족되었으나 3~4단계에서 문제가 생긴 경우가 많았다. 즉 액슬린이 주장하는 '허용되고 수용되고 존중받는' 아이가 되지 못한 것이 분명하다.

따라서 5단계에 대한 도전의 욕구가 부족했고 부모들의 말을 빌린다면 "아이가 집중력이 부족해 성적이 안 오르며 성격이 좋지 않아 친구를 못 사귄다."는 것이다.

다행스러운 것은 중간 단계에서 다소 심한 결핍을 경험하더라도 인간은 누구나 궁극적으로는 자아실현의 욕구를 갖고 있다는 사실이다. 그래서 치료자의 허용적이고 수용적인 태도를 접하고 자기 인격의 존엄성을 인정받으면, 다소간의 차이는 있지만 결국은 자아실현 욕구의 봉오리를 열게 되는 것이다. 딥스만 하더라도 얼마나 감정의 문이 굳게 닫혀 있었던가. 그러나 액슬린 여사의 이해와 완전한 수용 앞에서는 봄볕에 눈 녹듯 한 것이다. 『딥스』란 책의 부제가 '자아를 찾은 아이'임을 상기하기 바란다.

### 치료자의 자질

놀이치료의 성공 여부는 시설이나 놀이 도구에 있는 것이 아니라 치료자의 자질과 그가 아이와 맺는 관계에 달려 있다고 해도 과언이 아니다. 치료자가 갖추어야 할 자질을 액슬린은 다음의 여덟 가지로 간추렸다.

❶ 치료자는 아이와의 사이에 따뜻하고 우호적인 관계를 가급적 빨리 형성하여 그 관계를 통해서 신뢰감을 쌓아야 한다.

❷ 치료자는 아이를 있는 그대로 받아들여야 한다.

❸ 치료자는 아이가 자기의 감정을 완전히 자유롭게 표현할 수 있는 분위기를 조성해야 한다.

❹ 치료자는 아이가 표현하는 감정을 민감하게 받아들이고 인정하며 그것을 아이에게 반영함으로써 자기 행동에 대한 통찰력을 갖도록 해야 한다.

❺ 치료자는 아이가 자신의 문제를 해결할 능력이 있음을 항상 존중해야 한다. 아이에게는 선택의 책임과 변화를 시도할 자유가 있다.

❻ 치료자는 어떤 방법으로든 아이의 행동과 대화에 대해 지시하지 않아야 한다. 아이가 인도하고 치료자는 따라갈 뿐이다.

❼ 치료자는 서두르지 말아야 한다. 치료는 점진적인 과정임을 인식하여야 한다.

❽ 치료자는 치료가 현실 세계에 머물도록 하기 위해서거나 혹은 아이가 자기 책임을 인식하게 하기 위해서만 제한을 가할 수 있다.

피상적으로 보면 비지시적 치료자의 역할은 매우 수동적인 것처럼 느껴진다.

그러나 결코 그렇지 않다. 완전히 수용하는 태도를 지속하면서 아이의 놀이에 아무런 지시나 제안을 하지 않도록 항상 스스로를 자제하는 건 결코 쉽지 않은 일이며, 엄격한 자기 훈련을 필요로 한다.
상대방이 비록 어린아이지만, 인격을 존중하고 그의 자아실현을 도우려는 강한 의지의 표현임을 알아야 한다.

### 놀이치료실의 기능

'놀이치료실'은 성장의 좋은 기반이 된다. 아이는 안정감을 주는 그 방에서 가장 중요한 사람이다. 아이는 자신이 주변과 스스로를 조종하며, 아무도 그에게 무엇을 하라고 명령하지 않고, 아무도 그를 괴롭히거나 제한하거나 선동하지 않는다는 것을 그 방에서 알게 된다. 그리고 아이는 아무도 몰래 침입하지 않는, 자신만의 비밀 영역인 그 방에서 자신의 날개를 펼칠 수 있음을 느끼게 된다. 그곳에서는 그가 완전히 수용되므로 아이는 자신을 정직하게 바라볼 수 있다. 밤낮 싸우는 부모의 인간적 희생물, 좌절하고 화가 난 사람의 표적물이 되었던 자신을 돌아보게 되며, 자신의 상태와 감정을 충분히 표현하게 된다. 그는 자기만의 세계인 그곳에서 더 이상 어른들의 권위나 친구들과의 경쟁, 혹은 환경 같은 외적인 힘과 싸울 필요가 없다.

아이도 그 스스로 한 인간일 권리가 있다. 그러므로 존엄한 존재로 존경해야 한다. 아이는 자기가 말하고 싶은 대로 말할 수 있도록 완전히 용납되어야 하고, 자기가 좋아하는 방법대로 놀잇감을 가지고 놀 수 있도록 완전히 용납되어야 한다. 아이는 바람개비처럼 빠를 수도 있고 1월의 보리처럼 느릴 수도 있으니, 결코 그를 억제하거나 독촉하지 말아야 한다.

어른들의 제안이나 명령, 비난, 금지, 비판, 부인, 지지, 침입 등이 사라진 것을 발견하는 일은 아이에게는 독특한 경험이 된다. 이제는 그 자신으로 용납되고 허용될 것이다. 첫 놀이치료 시간에 아이가 때로 당황해하는 것은 자연스러운 일이다. '이것이 어떻게 된 일인가?' 하고 아이는 의혹을 가진다. 호기심을 느낀다. 여태까지는 그가 살아가는 것을 도와 주는 누군가가 있었다.

그런데 갑자기 이런 간섭은 사라지고 아이는 이제 더 이상 자기보다 더 큰 그림자를 드리우는 사람의 그늘 밑에서 살지 않아도 되는 것이다. 이제 그는 햇빛이 있는 곳으로 나아가 오직 자기가 그리고 싶은 그림만 그려도 되는 것이다. 그것은 하나의 도전이다. 아이는 깊숙한 곳에서부터 분명히 뭔가가 느껴지는 이 도전에 반응한다. 자기 내부에 있는 생명력을 행사하고 그것에 방향을 준다. 더 인간적으로 되고자 하는 이 도전에 처음에는 신중히 대처한다. 그 상황에서 허용됨과 안정감을 느끼면 더 적극적으로 그 주위의 가능성을 용감하게 탐색하기 시작한다. 이제 그는 더 이상 외부의 힘에 의해 막히지 않으므로, 자신의 내부에 있는 성장의 욕구도 아무 제약 없이 채울 수 있다. 전부터 가졌던 심리적 저항감도 사라지게 된다.

놀이치료실에 무엇이든 허용하고 이해해 주는 다정다감한 치료자가 있어서 아이는 심리적으로 안정감을 느낀다. 치료자는 아이가 스스로 설 수 있다는 것을 믿어야 한다. 그리고 독립적인 존재로 성숙하고 성장할 수 있는 능력이 있음을 더욱 존중해야 한다.

치료자는 아이가 자신의 가장 깊은 내면 세계로 파고 들어가 그 속의 것을, 그의 실제 생활에 공개적으로 끌어낼 수 있도록 용기를 북돋아 줄 수 있다.

이러한 치료는 자아실현을 위해 노력하는 아이의 내재적 욕구를 자극시키는 하나의 도전이다. 그 기회를 얼마나 빨리 활용하는가, 하는 것은 아이에 따라 다르지만 놀이치료 경험을 통해 이 성장이 이루어질 수 있음은 지금까지 여러 번 증명되었다.

### 놀이방과 놀잇감

놀이치료를 위해서 별도의 놀이방이 갖추어져 있다면 이상적이겠지만, 액슬린은 그것이 필수적인 요소는 아니라고 말한다. 액슬린 자신도 여행용 가방 속에 한 세트의 놀잇감을 채워 가지고 출장 치료를 다니면서 때로는 교실 구석에서 때로는 아이의 방에서 치료를 시도

했다고 술회하고 있다.

나도 숙명여자대학교에서 학생들에게 놀이치료 과목을 강의할 때 교실 안에 몇 가지 놀잇감을 엉성하게 준비해 놓고 동네 아이 한 명을 맞이한 적이 있었다. 이때 학생들은 어두운 관찰실에서 들여다보고, 나는 나름대로 치료자의 역할을 수행했다. 지금 돌이켜 보면 그 일이 참으로 무모한 짓 같지만 그래도 아이는 눈에 띄게 변화했다. 그리고 이것을 목격한 학생들은 놀이치료의 가능성을 실감한 것 같았다. 그리고 그때의 학생들이 오늘날 원광 아동 상담소의 주축이 되었다.

5년 전 지금의 상담소를 설립할 때도 독립된 놀이방은 없었다. 유아원 교실이 오후에 비는 것을 활용해서 한쪽 구석에 카펫을 깔고 몇 가지 놀잇감을 더 들여와서 치료를 시작했다. 필요 이상으로 큰 방은 공허했고 주변의 물품들도 어울리지 않는 것이 많았다. 그런 상황에서도 치료 효과를 느낄 수 있었고 1년 후에는 몇몇 사례를 소개하는 책 『놀이치료로 좋아졌어요』를 출간하게 되었다. 이런 사실들은 장

소나 도구가 아닌 치료자가 아동과 맺는 관계에서 치료가 이루어짐을 증명한다.

내담자가 속출하는 데 힘입어 다음 해에는 독립적인 놀이방을 마련하였고 그 해가 가기 전에 그 방 하나로는 부족함을 느껴서 놀이방을 둘로 확장했다. 하지만 그것도 이내 또 부족해져서 지난 8월에는 모래 놀이방을 따로 둠으로써 사실상 놀이방은 셋이 된 셈이었다.

### 놀이치료의 대상 아동

어떤 아이가 놀이치료의 대상이 되는가. 주로 정서장애가 있는 부적응 아동이다. 성장 과정에서 정서적으로 순조로운 발달을 하지 못할 만큼 장애가 있어서 갈등과 불안, 감정적 혼란을 겪는 아이들이 놀이치료의 대상이 된다. 우리 경험에 의하면 태중에서 겪는 불안도 정서장애에 포함시킬 수 있다.

예를 들면 어머니가 또 딸을 낳을까 봐 불안해서 여러 차례 초음파

촬영을 되풀이하며 고민했다든지 어머니가 임신중에 공장에서 일하며 소음에 시달렸다든지 하는 경우이다.

외국에서는 학교의 교사, 심리학자(카운슬러), 사회사업가 등이 문제 있는 아동을 발견하여 치료 기관에 의뢰하는 일이 많다. 딥스도 유치원 교사가 액슬린 여사에게 소개했다.

우리 나라에서는 학교 제도가 아직 그 정도 수준에 이르지 못했지만, 교사 개인의 상식과 역량에 따라 자기가 담임한 아동을 보내오는 경우가 간혹 있기는 하다. 물론 그보다는 텔레비전이나 라디오, 잡지, 책 『놀이치료로 좋아졌어요』 등을 통해 상담소를 알게 돼 찾아오는 부모가 훨씬 많았다. 때로는 먼저 치료받은 아이의 부모 소개로 오는 경우도 있다.

장애 요인 면에서 살펴보면 사랑받지 못한 어린이, 거부당한 어린이, 버려졌던 어린이, 엄격한 부모 때문에 위축된 어린이, 엄마 아빠의 부부 싸움으로 인해 불안에 떨던 어린이, 이혼한 가정의 어린이, 형제자매 간에 심하게 질투하는 어린이(편애가 원인일 수 있음), 신체장애 때문에 열등의식을 느끼는 어린이, 아빠가 해외에 나가 있는 어린이 등이다.

증상별로 보면, 말을 못 하는 어린이 혹은 안 하는 어린이, 말을 더듬는 어린이, 행동이 과다하고 복잡한 어린이, 남을 해치는 공격적인 어린이, 밤마다 악몽에 시달리는 어린이, 오줌을 싸는 어린이, 안면에 경련을 일으키는 어린이, 겁에 질린 어린이, 지하실에 못 가는 어린이, 심지어 도깨비 나올까 봐 어떤 문을 두려워하는 어린이, 신경질을 자주 부리는 어린이, 변화를 거부하는 어린이, 편식하는 어린이, 공부 안 하는 어린이 등이 있다.

'자폐증을 놀이치료로 고칠 수 있느냐' 하는 문제가 논란의 대상이 되고 있지만 우리 경험에 의하면 초기거나 가벼운 증상(병원에서는 유사 자폐증이라 함)은 치료된 예가 꽤 있다. 다만 심한 자폐증은 시일도 오래 걸릴 뿐더러 완치를 기대하기는 어려운 듯하다.

신체적 장애 아동은 대부분의 경우 정서장애를 동반하기 쉬워 자신의 정서 문제를 해결할 수 있는 기회를 준다는 의미에서 놀이치료를 권장할 만하다. 신체 장애를 완전히 극복하기는 어렵지만 정서장애만 극복해도 살아가는 데 활력소를 얻을 수 있기 때문이다.

액슬린이 주목하는 또 한 부류의 아동이 있다. 그들은 불쌍한 자신의 세계로 숨어들어 인간관계의 주변인이 되어 미미하게 살아가는 아이들이다. 이들은 매우 조용하며, 혼란스럽거나 시끄럽게 굴지 않기 때문에 교사의 눈에도 잘 띄지 않고 외톨이로 지내는 경우가 많다. 그러나 이렇게 위축된 아이들이야말로 치료가 필요하며 치료로 크게 도움을 받을 수 있다.

그러나 심각한 문제가 있는 아동에게만 놀이치료가 적용되는 것은 아니다. 클라인은 정상 아동도 놀이 상황의 경험을 주면 도움을 받는다고 했는데, 액슬린 역시 놀이치료 경험은 정신 건강상 예방 치료의 요소를 함축한다고 보고 있다. 이 점은 나도 치료 사례를 통해 확실하게 경험했는데『놀이치료로 좋아졌어요』의 마지막 사례가 바로 그것이다.•

• 주정일 편저,『놀이치료로 좋아졌어요』, 샘터사, pp. 201~214, 1998

### 간접 참여자—부모 혹은 대리인

『딥스』에서 보면 부모는 치료를 받지 않고 딥스만 치료를 받았는데 딥스가 자아를 되찾고 자기를 통제하는 힘이 생기자 부모도 저절로 변해 가는 모습을 볼 수 있다. 이와 같이 액슬린은 부모 치료를 필수 조건으로 보지는 않는다. 다만 부모나 대리인이 함께 치료를 받으면 치료가 더욱 진전되는 것은 인정하고 있다.

대개의 경우 부모에게 문제가 있어 자녀에게 정서장애가 일어나게 되므로 이 부모들에게 큰 기대를 걸기는 어려울 때가 많다. 그렇지만 한쪽 부모만이라도 통찰력이 있다면 그 부모와 대화를 계속하고 상담함으로써 가정의 분위기를 조금은 조절할 수 있고 치료의 진전에 도움을 받을 수도 있다.

보통은 엄마가 아이를 데리고 다니기 때문에 엄마를 교육할 기회는 조금씩 있다. 우리 상담소의 경우에는 관찰실에서 일면 투시경을 통해 자기 아이의 노는 모습을 볼 수 있기 때문에 그것을 근거 삼아 나중에 엄마에게 상황 설명을 해 주면서 엄마의 통찰력을 키워 나갈 수가 있다. 이런 과정을 통해 엄마가 변하기 시작하면 아이는 급속도로 좋아진다. 뿐만 아니라 집안의 분위기가 자연스럽게 달라지고 이 변화를 감지한 아빠 역시 상담소에 관심을 갖고 찾아오게 된다. 아빠가 나타나면 아빠 교육도 가능해지며(자존심이 상하지 않는 범위 내에서) 이렇게 되면 치료는 거의 종료 단계에 접어든다. 아예 나타나지 않는 아빠의 경우엔 직장 근처의 다방으로 찾아가서 대화를 나눈 일도 있었는데 효과가 있었다는 걸 후일 엄마를 통해서 알게 되었다.

이상으로 액슬린 식 놀이치료법에 대한 소개를 마치며, 제한된 지면 때문에 미흡한 점이 많은 것에 양해를 구한다. 좀더 상세하게 알고 싶은 분이라면 액슬린의 『놀이치료』 원서나 서영숙 교수의 번역본을 참고하기 바란다.

우리 상담소가 바로 액슬린 식 놀이치료법을 활용하고 있는 곳이기 때문에 곁들여서 조금씩이나마 소개할 수 있는 기회를 가졌던 것을 기쁨과 영광으로 생각하는 바이다.

## 에릭슨Erikson의 8단계설

사람의 심리사회적 발달 과정을 에릭슨만큼 절묘하게 분석하여 묘사한 학자도 드물다. 그에 의하면 아기는 출생과 거의 동시에 사회적 존재가 되며, 그 후 만나는 사람들과 겪는 경험을 통해 그의 사람 됨됨이가 변해 간다. 선천적으로 타고난 소질과 환경에 따라 개성에서 차이가 나지만, 사람은 공통적으로 거쳐야만 하는 단계가 있는 것으로, 그는 추정하였다. 각 단계마다 해결해야 할 문제들이 있어서 그것이 성공적으로 해결되면 좋은 인품의 소유자로 자라게 되고, 잘 안 되면 반대 현상이 나타난다는 것이 그의 주장이다. 따라서 각 단계마다 바람직한 방향과 그렇지 않은 두 가지의 요소를 대비시켜 설명하고 있다.

### 1단계 : 신뢰감_불신감

생후 1~2년 동안은 아기가 거의 전적으로 어른에게 의존하여 생활하는 시기다. 이 시기에 따뜻하게 보호받고 보살핌을 받으면 아기는 그 사람을 신뢰하게 되고 후일 다른 사람들도 신뢰하게 된다.
그러나 만일 거친 손길에 의해 애정 없는 보살핌을 받거나 일관성이 없는 양육을 받게 되면 사람과 사회를 불신하는 자세를 학습하게 되며, 이것은 인생의 출발점에서 겪는 커다란 비극이 된다.
이러한 문제는 그 시기에서 그치는 것이 아니라 후일 접촉하는 모든 사람에게 파급되기 쉬워 문제는 더욱 심각하다. 그렇게 자란 아이는 심하면 우울증이나 편집증 환자가 되는 경우도 있다.

### 2단계 : 자율감_수치감

생후 1년 6개월경부터 4년 사이의 아이는 자기 신체를 마음대로 조절할 수 있다. 서고, 걷고, 뛰고, 대소변을 가리고, 숟가락질을 하고, 옷을 입고, 세수 등을 하게 됨으로써 매우 자율적인 존재가 되는 것이다. 이제까지의 완전 의존 상태에서 벗어나 상당히 독립적인 존재가 되면서 다분히 반항적이고 고집이 세지며, '아니' '내가' 라는 말을 많이 하게 된다. 이때 만일 부모가 자녀의 독립성을 허용하지 않는다면 비극이 시작된다. 아이는 자신을 잃고 수줍어하며 수치심이 발달하게 된다. 커서도 의사 결정을 독단적으로 못 하고, 남이 하라는 대로 하는 비능동적인 사람이 되는 것이다. 특히 대소변을 가리는 생리 작용을 어른이 강요해서는 안 된다.

### 3단계 : 주도성_죄책감

4~6세에 해당하는 시기인데, 아이들의 관심이 자기 신체에만 머무르지 않고 주위 사람들과 사물에게로 확대된다. 아이는 풍부한 상상력과 그동안 익힌 유희 기술을 구사해 갖가지 놀이에 열중하며, 여러

가지 역할을 수행해 보기도 한다. 또한 샘솟는 호기심을 채우기 위해 질문을 많이 하거나 주도적인 행동을 하기도 한다. 적극적으로 친구들을 사귀어 활동 범위를 넓히기도 하고, 주위의 사물에 관심을 갖고 탐색하기도 한다. 만일 부모가 지나치게 간섭을 하고 호기심을 억누르거나 아이의 물음에 무관심하게 반응하면, 아이는 자발성과 호기심을 잃게 되고 죄책감에 사로잡혀 정서적으로 불안정하게 된다. 이러한 경험을 자주 한 아이는 대체적으로 새로운 경험을 두려워하고, 계속 어른에게 의존하려 하며 내향적으로 자라기 쉽다.

### 4단계 : 성취감 _ 열등감

주로 초등학교 시기에 해당하며 이때 아이는 자기가 속해 있는 사회의 규범·가치관과 함께 각종 기술을 습득하게 된다. 그러는 과정에서 자연스럽게 자기 통제나 근면과 같은 가치의 중요함을 알게 된다. 에릭슨에 의하면 앞의 3단계를 무난히 넘긴 아이는 이 시기 이후의

과업을 익히는 데 별로 힘들지 않다. 주어진 과업을 완수하지 못한 아이는 자연히 실패감이나 열등의식에 사로잡히기 쉽다. 그러므로 '무엇이든지 하면 된다.'는 신념을 길러 주려면 처음에는 아이의 능력에 맞는 일을 시켜야 한다. 또 어른이 보기엔 보잘것없는 일이라도 나름대로 성취하였을 때는 칭찬을 아끼지 말아야 한다. 자기 능력에 맞는 일부터 차례대로 익혀 가며 기쁨과 만족을 느낄 수 있도록 지도하고 어려운 일까지 해낼 수 있는 아이로 자라도록 격려해야 한다.

### 5단계 : 동일시감_역할혼돈

청년기에 들어서면 전보다 더욱 해결하기 어려운 문제들이 앞을 가로막게 된다. 여자는 초경을 치르고 남자는 변성을 하며 키가 부쩍 큰다. 독립된 한 인간으로서 자기의 정체를 파악하려는 본능적 의구와 회의를 느끼게 된다. '나는 과연 누구인가? 앞으로 나는 어떤 사람이 될 것인가? 진학은, 결혼은, 직업은, 군 복무는?' 등등의 회의

가 꼬리에 꼬리를 물고 뒤따르는 것이다. 이런 고독감에서 벗어나기 위해 누군가와 자기를 동일시하려는 경향이 뚜렷하게 나타난다.

처음에는 동성 친구들 중에서 그 대상을 찾다가 차차 이성에게도 관심을 기울이게 되고, 또 선배들 중에서 훌륭한 사람을 선택하여 본받으려는 경향도 나타난다.

바람직한 동일시의 대상을 찾지 못하게 되면 주체성 없이 우왕좌왕하다가 때로는 범죄를 저지르기도 하고, 함정에 빠지기도 한다. 이 시기에는 어른들의 관심 있는 지도가 필요하며, 본받을 만한 대상도 요구된다. 이 동일시의 대상이 반드시 현존 인물일 필요는 없다. 역사상의 위인이나 과학자, 성현도 유용하다. 그러나 현실적으로는 친구의 필요성이 크므로 교우 관계의 지도가 무엇보다도 중요하다.

### 6단계 : 친밀감 _ 소외감

프로이트의 발달 이론이 청년기에서 멈추는 것에 반해 에릭슨은 그 이후에도 사람은 계속 발달한다고 믿었다. 유아기·아동기·청년기를 무난히 넘긴 사람은 이제 성인으로서 대인 관계를 맺을 준비가 되어 있으며, 이성과 깊은 친밀감을 나눔으로써 가정을 영위하게 된다는 것이다. 성숙한 한 쌍의 남녀는 성뿐만 아니라 일과 여가 선용에서도 협력하며 생활해야 하고, 자녀들을 위해 아늑한 보금자리를 마련할 수 있어야 한다. 성인이 되어 원만한 가정을 이루지 못했다는 건 결국 5단계까지의 성장이 부실했다는 증거이며, 아직도 자기 중심적인 사고 방식에 사로잡혀 있다는 증거이다. 따라서 이런 사람은 배우자와 친밀한 관계를 이루기 힘들어 결국 혼자 쓸쓸하게 소외감에 젖어서 방황할 수밖에 없게 된다.

### 7단계 : 생산성 _ 불모성

중년에 접어들어도 사람은 계속 생산적이어야 한다는 것이 에릭슨의 이론이다. 사람은 자녀를 낳아 생물학적으로도 생산적이어야 하지만 사고와 작업에 있어서도 생산적이어야 한다. 자녀를 키우는 바쁜 고비를 넘긴 후에도 무언가 가치 있는 일에 종사하면서 시간을 유효 적절하게 사용해야 한다.

그것은 자신·가정·이웃·국가·인류를 위하여 할 수 있는 모든 일을 의미한다. 중년 이후 심심하고 할 일이 없다면 그것은 불모성을 뜻하며 사회적인 성장을 포기한 것과 다름없는 비극이다.

의학의 발달로 말미암아 인간의 수명이 길어진 오늘날 우리는 무엇인가 보람 있는 일을 찾아 행함으로써 인생을 좀더 풍요롭게 가꿀 수 있어야 한다. 자기의 자녀를 다 키워서 남은 시간이 무료하다면, 자신의 손자나 손녀뿐 아니라 다른 사람의 자녀에게도 눈을 돌릴 수 있다.

이 세상에는 돌봐 주는 사람이 없어 그늘에서 시들어 가야 하는 수많은 생명들이 따뜻한 인정의 손길을 기다리고 있음을 상기하자. 이런 아이나 노인을 보살펴 줌으로써 자기 만족은 물론 사회복지에 이바지할 기회를 마련한다면 보다 값진 인생을 살 수 있는 것이다.

## 8단계 : 통일감 _ 절망감

완전한 사회적 성숙이란 앞에서 말한 7단계를 통합함으로써 이룩된다. 각 단계마다 내재하고 있는 어려움들을 성공적으로 극복한 사람은 결국 인생의 복잡한 문제들을 하나하나 해결하고 피안에 이른 사람이라 할 수 있다. 에릭슨은 이 상태를 '자아의 통일 ego integrity'이라 불렀다.

노년기에 접어들어서 자기가 살아온 일생을 되돌아보고 후회와 절망에 사로잡히는 사람이 있는가 하면, 만족과 감사로써 경건하게 합장할 수 있는 사람이 있을 것이다.

우리는 아이들의 사회적 발달을 지도하는 입장에서 모름지기 모든 아이들이 8단계를 무난히 통과할 수 있도록 기원하는 바이지만, 그렇게 되기 위해서는 먼저 스스로가 수양에 의해 그 경지에 도달하는 일이 선결 문제임을 절감한다.

## 한국의 딥스

1판 1쇄 펴냄 1997년 6월 14일
2판 1쇄 펴냄 2007년 1월 10일
2판 9쇄 펴냄 2022년 4월 18일

**글쓴이** 주정일
**그린이** 윤현진
**펴낸이** 이봉우

**콘텐츠본부** 고혁 송은하 김초록 김지용 | **디자인** 이영민
**마케팅본부** 송영우 어찬 윤다영 | **관리** 박현주

펴낸곳 (주)샘터사 | 등록 2001년 10월 15일 제1-2923호
주소 서울시 종로구 창경궁로35길 26 2층 (03076)
전화 콘텐츠본부(02)763-8965 마케팅본부(02)763-8966 | 팩스 (02)3672-1873
전자우편 kidsbook@isamtoh.com | 홈페이지 www.isamtoh.com

ISBN 978-89-464-1413-6 04370    ISBN 978-89-464-1400-6(세트)

이 책은 저작권법에 의해 보호를 받는 저작물입니다. 이 책에 수록된 글과 이미지를
사용하고자 할 때에는 반드시 저작권자와 (주)샘터사의 서면 허락을 받아야 합니다.